CEREBRO PLÁSTICO

Una ruta al alto rendimiento

CEREBRO PLÁSTICO

Una ruta al alto rendimiento

JAIME GÓMEZ CASTAÑEDA

Gómez Castañeda Jaime

Cerebro plástico. Una ruta al alto rendimiento

Edición en formato digital:

A mis padres:
Rosalba Castañeda S.
J. Guadalupe Gómez P.
Quienes me llevaron
por el camino de las letras.

ÍNDICE

Introducción

Desde que era estudiante de la carrera de psicología en 1997, a la fecha, me he sentido fuertemente motivado a conocer todo lo relacionado con el sorprendente cerebro humano. La curiosidad y el asombro han sido dos palabras que me han acompañado desde entonces. Lo que deseo compartirte en este conjunto de capítulos es una síntesis de los descubrimientos más actuales sobre cómo estimular nuestro cerebro para llevarlo a niveles de alto rendimiento en cualquier situación. Te aclaro que no es un libro de autoayuda, ni mucho menos un recetario para conseguir el éxito instantáneo, que, en este caso, sería lograr un *súper cerebro*. No te venderé la idea del *súper cerebro*. Nadie en el planeta tierra tiene uno, lo que existe son solo metáforas, cuentos o ilusiones. Los seres humanos somos inteligentes de muchas maneras. Quien es capaz de tener una memoria prodigiosa, tendrá alguna falla en sus relaciones interpersonales, tal vez. Quien es un matemático prominente, quizás no sepa tocar un instrumento musical o cambiar un neumático pinchado por uno de repuesto. Los ejemplos sobran.

Lo que encontrarás a continuación, es una serie de pautas o recomendaciones que más de un neurocientífico ha sugerido para sacarle más provecho a nuestra masa encefálica y potenciar sus funciones. De una manera ágil y concisa, te invitaré a sorprenderte con lo fácil que es estimular a nuestras neuronas y, sobre todo, a disfrutar más allá de lo que imaginamos, de los miles de años de evolución que traemos sobre los hombros.

El primer capítulo, devela el mito del 10% del cerebro. Enseguida, abordo el concepto de inteligencia y sus falacias. Posteriormente, te comparto *Cerebro plástico*, el proyecto de autoría personal que llevé a cabo hace algunos años para implementar las pautas de estimulación cerebral que te expondré en la mayor parte de este libro. Finalmente, aparecen los procesos cognitivos que se recomienda estimular para gozar de un cerebro saludable y potenciador de procesos creativos en distintos ámbitos. Te hablaré de:

El poder de la atención

La inteligencia emocional

La memoria

El beneficio de construir hábitos

Desarrollar el pensamiento positivo

La importancia del ejercicio y su relación con el cerebro

Conocer las ondas cerebrales

Dormir bien para disfrutar de un descanso
  reparador
Inteligencias múltiples
Hacerle caso al cuerpo, y
La sabiduría del azar bioquímico.

Para cerrar, te propondré algunas conclusiones.

Gracias por acompañarme en la lectura, deseo que disfrutes el contenido, como lo hice yo cuando lo construí.

Capítulo I

EL MITO DEL 10% DEL CEREBRO

"Estamos en una edad de oro del estudio de la mente y del cerebro" Feldman (2019)

Te has preguntado alguna vez ¿cuáles son los alcances de tu cerebro? Y junto a esta pregunta, has escuchado la creencia de que "los humanos solo utilizamos el 10 o 15% del cerebro"? y creyendo en esa famosa frase, ha pasado por tu mente: ¿qué pasaría si utilizáramos el resto del cerebro?

Hace un par de años vi la película de ciencia ficción *Lucy* (2014) cuya trama gira alrededor de una chica que es utilizada como "mula" para el contrabando de una droga sintética. Ésta es puesta en su abdomen y por causa de un incidente se rompe, liberando la sustancia y provocando el desarrollo del 40% de su cerebro, lo que le permite, entre otras habilidades, hablar y escribir chino, recordar olores de sus primeros días de vida e incluso su cerebro es capaz de controlar el dolor, al grado de no requerir anestesia cuando le abren el abdomen para extraer lo que queda de la bolsa con droga. Otro ejemplo de este tipo de ficciones lo representa la película *Estados alterados* (1981) en la que el protagonista experimenta con drogas naturales, alterando así la bioquímica de su cerebro y aumentando sus posibilidades. Nuestra historia está repleta de ficciones como éstas y otras más. Ahora te pregunto, ¿de verdad crees en el mito del 10% de uso del cerebro?

Según estudios de la neurocientífica Lisa Feldman Barrett (2019) 86.000 millones de neuronas pueblan el cerebro humano:

> Están conectadas formando redes enormes, nunca están inactivas esperando que algo las excite. Las neuronas siempre se están estimulando mutuamente, a veces millones a la vez. Si hay oxígeno y nutrientes suficientes, estas cascadas enormes de estimulación, conocidas como actividad cerebral intrínseca, se producen desde el nacimiento hasta la muerte (p.85)

Una *red intrínseca* que actúa bajo el principio de degeneración ("todos para uno") puede ser responsable de hacer latir el corazón, que los pulmones respiren y otras funciones más (Feldman, 2019: 86). El cerebro está constituido por innumerables redes intrínsecas. Y el concepto de *degeneración* tiene un papel sobresaliente. Por ejemplo, cuando experimentamos una emoción, ésta no se ubica en un sitio determinado del cerebro (como antes se creía), sino que es representada por miles o millones de neuronas en todo el cerebro (todas para una) no solo por un mínimo porcentaje.

La *neuroplasticidad* cerebral, descubierta hace décadas, ha demostrado que el cerebro humano sigue aprendiendo a lo largo de la vida, aunque hay periodos críticos en donde es más idóneo el aprendizaje. En el documental de REDES *Entrena tu cerebro, cambia tu mente* (recuperado de *https://www.youtube.com/watch?v=Fe_NHy HJwco*) se cita el ejemplo de una joven que perdió un hemisferio cerebral por completo y gracias a la estimulación cerebral que ha recibido su otro hemisferio, éste le ha permitido experimentar un funcionamiento más o menos adaptable socialmente. La *neuroplasticidad* hace posible este recuperamiento. El cerebro actúa bajo el orden de la degeneración. De otra manera, esa chica estaría en otro estado de salud.

¿Utilizamos solo el 10% de nuestro cerebro? La respuesta es no. Realmente utilizamos el 100%, pero todos, de manera diferente. No concibo un funcionamiento cerebral del 10%, si lo fuera así, quizás estaríamos en un estado vegetativo a punto de la desconexión de la vida.

Cabría hacerse las siguientes preguntas:

¿Es posible estimular más nuestro cerebro?
¿Cómo puedo sacarle mayor provecho a mi cerebro, llevarlo al alto rendimiento?
¿Cuáles serían las ventajas de esto en mi vida cotidiana?
¿Me convertiría en superdotado?
¿Podría desarrollar habilidades sobresalientes?

Encontrarás las respuestas en los capítulos siguientes. Viajaremos de la mano de las neurociencias y estoy seguro,

te asombrarás del poder del cerebro
humano.

Bibliografía

Feldman, L. (2019) La vida secreta del cerebro, cómo se construyen las emociones. México. Paidós.

Capítulo II

EL CONCEPTO DE INTELIGENCIA

Como se expuso en el capítulo anterior, el cerebro humano utiliza el 100% de su estructura para funcionar y hacer funcionar el organismo. El mito de que solo se utiliza el 10% es falso. Si fuera verdad, estaríamos en un estado vegetal con asistencia de aparatos para animar la vida. Diversos neurocientíficos respaldan la afirmación de que el cerebro es un órgano altamente complejo que funciona como un todo, no solo al 10% de su capacidad. El cerebro es una gran red (Feldman, 2021:32). Lo que hace la diferencia es, **cómo cada persona hace funcionar su cerebro.**

Durante mucho tiempo, la humanidad ha reflexionado acerca de las diferencias individuales: tipos de temperamento, carácter, personalidades e inteligencia. La psicología, en sus inicios como ciencia experimental (Siglo XIX), asumió la tarea de intentar clasificar a los individuos entre normales y anormales, esto dio paso al movimiento que se conoció como psicología diferencial y cuyos resultados fueron la creación de los test psicométricos, como herramienta objetiva, para medir las individualidades. Fue entonces que el concepto de Cociente Intelectual (CI) surgió y se hizo famoso hasta nuestros días.

Al respecto, surgen las siguientes preguntas: ¿el CI tiene relación con saber usar eficientemente el cerebro? ¿se nace con un CI determinado? ¿Podemos incrementar el CI de acuerdo con un programa de estimulación cerebral?

¿estaremos condenados a vivir con un CI normal-bajo?

Para empezar, el concepto de CI en la actualidad ha cambiado. Para muchos, ya es irrelevante. Es más, casi podríamos decir que está sepultado desde hace unos 25 o 30 años. Por tanto, las preguntas que he formulado carecen de relevancia. En los años 80's Howard Gardner dejó al descubierto el poco valor del CI para describir la inteligencia humana. Con su teoría de las inteligencias múltiples abrió un nuevo debate para comprender cómo el cerebro demuestra su inteligencia. "Gardner pretendía ampliar el alcance del potencial humano más allá de los confines de la cifra del cociente intelectual" (Armstrong, 2006). Para Gardner, la inteligencia es la "capacidad de resolver problemas, o de crear productos, que sean valiosos en uno o más ambientes culturales. Se trata de una definición que nada dice acerca de las fuentes de tales capacidades o de los medios adecuados para medirlas" (1983: 5). Además, dice Gardner:

> Todos somos tan diferentes en parte porque todos poseemos combinaciones distintas de inteligencias. Si reconocemos este hecho, creo que al menos tendremos más posibilidades de enfrentarnos adecuadamente a los numerosos problemas que se nos plantean en esta vida (Gardner, 1987).

Gardner sostenía que podíamos ser inteligentes de 8 maneras distintas, predominando una de estas a lo largo de la vida:

Inteligencia lingüística
Inteligencia lógico-matemática
Inteligencia espacial
Inteligencia cinético-corporal

Inteligencia musical

Inteligencia interpersonal

Inteligencia intrapersonal

Inteligencia naturalista

La genética, el contexto sociocultural y la historia personal, son factores cruciales para el desarrollo de las inteligencias (Armstrong, 2006). La teoría de las inteligencias múltiples opacó drásticamente el constructo de cociente intelectual y enfocó a la sociedad a trabajar en su desarrollo humano de maneras más creativas.

Seguramente has escuchado acerca de la inteligencia emocional ¿verdad? Este concepto se ha desarrollado a partir de la inteligencia inter e intrapersonal que propuso Gardner. Más adelante, habrá el espacio para platicarle sobre este tema que ha adquirido relevancia en los últimos 20 años.

Hasta este punto, hemos dejado atrás dos mitos: el 10% del cerebro y el cociente intelectual. Ahora es tiempo de adentrarnos en cómo desarrollar nuestro cerebro. No creas que he olvidado la pregunta del capítulo anterior ¿Cómo puedo sacarle mayor provecho a mi cerebro y llevarlo al alto rendimiento? Ahora sabemos que tenemos un cerebro que funciona como un todo y que podemos obtener diversos productos de él.

Te invito a continuar con los siguientes capítulos donde te compartiré, por experiencia personal y documentada, cómo podemos potenciar el desarrollo del cerebro a través de pautas específicas. Acompáñeme.

Bibliografía

Feldman, Barrett L. (2021) Siete lecciones y media sobre el cerebro. México. Paidós.

Gardner, H. (1983). *Estructuras de la mente. Colombia. Fondo de cultura económica.*

Amstrong, T. (2006) *Inteligencias múltiples en el aula.* Barcelona, España. Paidós.

https://ined21.com/teoria-inteligencias-multiples-fundamentos-criticas/

Capítulo III

CEREBRO PLÁSTICO

En 2008, diseñé el proyecto Conciencia Integradora (CI) cuyo principal propósito era, ayudar a los estudiantes universitarios a lograr un perfil de egreso más completo que redituara en mejores profesionistas. Vaya que la idea era sumamente difícil y desarticulada por muchos factores educativos, principalmente, porque yo no formaba parte del plantel educativo y CI era algo así como un proyecto externo invitado a impactar en tal objetivo. Sin embargo, tuve la valiosa oportunidad de implementar algunas ideas y ver sus resultados a corto plazo. Todos ganamos en experiencia.

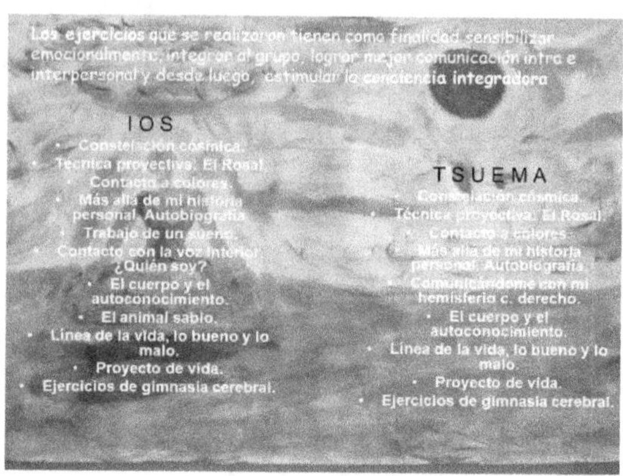

Jaime Gómez Castañeda (2008) Conciencia integradora

El proyecto CI pretendía expandir la conciencia mediante ejercicios terapéuticos Gestalt. En sí, CI es una forma holística de percibir el mundo, ser inteligente emocionalmente y potenciar el aprendizaje.

Conciencia integradora no duró mucho. Retiré el proyecto a los 2 o 3 meses presentando resultados y seguí mi camino formalmente en la Universidad de Guadalajara en una preparatoria. Ya como miembro universitario pedí la oportunidad para desarrollar CI en el plantel y me fue permitido. El proyecto duró ejecutándose 6 meses, después cambié de rol en la institución y detuve la ejecución, dándome cuenta de que aún me faltaba mucho por saber y prepararme para llevar a efecto un proyecto de tal envergadura.

Jaime Gómez Castañeda (2019) Cerebro plástico

Este fue el inicio que estimuló más mi curiosidad por saber cómo potenciar las

33

capacidades humanas, el desarrollo humano.

A través de 12 años tuve la oportunidad de documentarme y seguir experimentando caminos en mi práctica docente. En 2019, retomé algunas ideas, agregué información científica y diseñé el proyecto **Cerebro Plástico**, un programa especial de tutoría personalizada y grupal, cuyo principal objetivo era la estimulación y desarrollo del cerebro: expansión de habilidades y descubrimiento. Algunos de sus beneficios eran: conocimiento del cerebro, desarrollar el cerebro, incremento del rendimiento académico, mejorar aspectos de la personalidad. El principio básico de este proyecto era la **neuroplasticidad cerebral**.

Cerebro Plástico reunió a 8 estudiantes, en un periodo de 2 meses y medio. Los resultados fueron muy alentadores, pero para su consolidación debió extenderse el período de estimulación a uno o dos años más, lo que no pudo concretarse por la pandemia COVID-19. Con esto, *Cerebro Plástico* solo vivió 4 meses, entre la elaboración de su diseño e implementación.

Con estos antecedentes, nutridos de investigación científica y el experimento, quiero responder la pregunta pendiente: **¿cómo potenciar el desarrollo del cerebro y obtener mejores resultados en la vida cotidiana?** Le comparto cómo será la respuesta:

Hay mucho que saber acerca del cerebro humano, una publicación, es totalmente insuficiente, por lo tanto, este libro no es la última palabra, pero sí, una ruta trazable, al alcance de todos(as) para responder a la cuestión citada. Tomaré el camino de **Cerebro Plástico** e iremos directamente a conocer y practicar las pautas de conducta que estimularán nuestro cerebro y lo llevarán al alto rendimiento. En otras palabras, compartiré lo que he denominado **una ruta al alto rendimiento** del cerebro.

Los distintos autores que consulté coinciden en activar y estimular los siguientes procesos:

La atención
Emociones
Memoria
Hábitos
Pensamiento positivo
Ejercicio
Conocer las ondas cerebrales
Dormir bien
Inteligencias múltiples
Hacerle caso al cuerpo
La sabiduría del azar bioquímico

Empezaremos con lo que he titulado El poder de la atención: ¿qué se sabe de ella? ¿cómo estimularla o estropearla? ¿qué beneficios se obtiene de ella en nuestra vida cotidiana? En el siguiente capítulo abordaré este primer elemento para tomar la **ruta al alto rendimiento cerebral**. ¿Me acompañas?

Capítulo IV

EL PODER DE LA ATENCIÓN

Cuando estudiaba mi maestría, un maestro nos decía que nuestro cerebro solo puede atender una cosa a la vez, que si bien, podemos hacer varias actividades simultáneas, pero la atención, es lineal. En 2010 leí el libro *Los doce principios del cerebro* del biólogo molecular John Medina quien me confirmaba que "cuando de la atención se trata, la idea de que podemos hacer varias cosas a la vez no es más que un mito. El cerebro se enfoca en los conceptos de manera secuencial, no simultánea" (2010: 99).

Dice Nicholas Carr en su libro *Los superficiales, lo que internet hace a nuestras mentes*, que "la mente lineal está siendo desplazada por una clase de mente que quiere y necesita recibir y diseminar información en estallidos cortos, descoordinados, frecuentemente solapados –cuanto más rápido, mejor-"(2010: 15). Para Carr, el factor que está provocando este cambio en la atención es el internet. Con gran añoranza y crítica dice que, la lectura que antes era profunda y hasta meditativa, ahora es una práctica superficial. Se lee, pero ya no es como antes de la llegada del internet. Nos hemos vuelto superficiales y distraídos.

Espera, recibí una notificación y mi teléfono celular está sonando...

Apenas escribí dos párrafos y ya estoy dando la razón a Carr. El internet y los dispositivos que nos conectan son tecnología maravillosa, pero dime, ¿habrá alguien que escape a la distracción que provocan estos medios? Seguramente sí, pero la mayoría está engolosinada con este juguete nuevo que a diario nos trae nuevas sorpresas.

La tarea que te propongo es clara y directa: para conseguir un *alto rendimiento de nuestro cerebro*, en las áreas que requerimos, necesitamos *mejorar la calidad de la atención*. Debemos ejercitar la atención para obtener resultados más favorables. Por ejemplo, en el aprendizaje áulico (el que se da en las escuelas) se recomienda a los estudiantes concentrarse al máximo, no dar pie a distracción por ningún motivo.

Está suficientemente estudiado que, existe un fuerte vínculo entre la atención y el aprendizaje, a mayor atención mayor aprendizaje (Medina, 2010: 86). ¿Verdad que no es cosa de otro mundo? En el proyecto *Cerebro plástico* que te compartí en el capítulo anterior, tuve dos estudiantes que mejoraron su atención a sus clases e informaron importantes avances en su rendimiento escolar. Dejaron de lado el Smartphone, cambiaron de lugar en su aula, se alejaron de estudiantes que fácilmente los distraían y hubo clara mejoría. Ellos me compartieron impresionados, cómo, al hacer algunos cambios en su rutina, provocaron avances significativos.

En otros contextos, también es importante atender una situación a la vez. Le comparto el siguiente dato publicado en el portal de MVS Noticias: "tan sólo en el último año, el territorio mexiquense reportó más de mil 600 muertes por accidentes vehiculares, de los cuales casi 700 fueron provocados por el uso de los teléfonos a la hora de conducir" (González, 2018, recuperado de https://mvsnoticias.com/noticias/

estados/uso-de-celular-provoca-40-de-muertes-por-accidentes-vehiculares-en-edomex-119/.

Todos hemos visto como las personas dispersan su atención en dispositivos electrónicos y el rendimiento de su cerebro disminuye. Los ejemplos de la distracción humana actual son incontables, así como sus consecuencias.

Emociones y atención

El uso no adecuado de la tecnología puede hacernos creer que somos seres multitarea provocando una atención dividida que no conviene al cerebro para alcanzar niveles de alto rendimiento. Aunado a esto, están las emociones. Estas juegan un papel muy relevante en la calidad de la atención. Por ejemplo, si nuestro estado emocional es un revoltijo o una catástrofe, de inmediato se reflejará en nuestra forma de atender.

La distracción que puede provenir del uso de la tecnología es pasajera, y retirándola de nuestro espacio podría ser suficiente para atender lo realmente importante, pero cuando se trata de estados emocionales que alteran la personalidad, no es tan fácil hacerlos a un lado y atender o focalizar lo esencial. Las emociones interfieren severamente en nuestra disposición para atender o poner atención. ¿Te pasó alguna vez, que viviste intensamente una experiencia emocional que no te permitía ni siquiera dormir? por ejemplo, la muerte de un ser querido o un conflicto intrafamiliar. Sé de antemano que sí. Son experiencias de las cuales nadie está exento. En esos momentos, nuestro estado emocional nos reclama atención, mucha atención. Sin embargo, por otro lado, algunas creencias nos dicen: "evade", es lo mejor y vuelve a la *normalidad*. El tema emocional que requería nuestra atención se va al *pozo de las emociones reprimidas*. Otras personas van a terapia y tratan de gestionar sus emociones de manera saludable y salen adelante. Ir a terapia en esos casos, significa, poner atención a lo realmente importante. El resultado es un aumento significativo de inteligencia emocional que muy seguramente se utilizará en otras experiencias similares. Ya no dolerá tanto y saldremos adelante más rápido. Esta es una muestra de alto rendimiento del cerebro. Evadir y reprimir será lo contrario.

Mejoremos la forma en la que tratamos nuestras emociones, atendiéndolas cuando es pertinente, porque es más saludable atender lo importante y no varias situaciones a la vez.

Es evidente, también, que los estados emocionales son una variable a considerar en el aprendizaje escolar, por algo, en los últimos 10 o 15 años se ha hecho énfasis en el aprendizaje de habilidades socioemocionales en las aulas. Un cerebro que gestiona las emociones de manera inteligente aprende mejor, que un cerebro con inteligencia emocional pobre.

Por último, te comparto que, la práctica de la meditación favorece en gran medida la focalización de lo importante. La meditación se fundamenta precisamente en la atención interna. Romo (2014) cita a Wallace y Shapiro quienes sugieren:

> Un enfoque que incluye diferentes prácticas de meditación. Su modelo se apoya en gran medida en el enfoque del budismo tibetano, y asume que el sufrimiento mental es en gran parte debido a los desequilibrios de la mente y que éstos se pueden superar mediante el cultivo de cuatro tipos de equilibrio: conativo, atencional, cognitivo y afectivo. Poner atención en ellos, a la hora de meditar, de rezar o de reflexionar puede ser una interesante clave para encontrar el equilibrio buscado (p. 66).

Somos seres humanos que por naturaleza tendemos a la distracción fácilmente (Carr, 2010: 74) y en variadas ocasiones atendemos lo que no deberíamos y nos trae consecuencias negativas. La atención está dispersa y no está en el sitio correcto. La meditación o prácticas contemplativas nos ayudan a focalizar y priorizar los aspectos que confluyen en nuestra vida.

Date un buen tiempo para reflexionar y prueba alguna práctica que te ayude a mejorar tu proceso atencional; experimentarás resultados no a corto plazo, pero los habrá, te lo aseguro.

Para profundizar en este tema de la "atención", te recomiendo tres libros, los cuales, si te atreves a leer, los vas a disfrutar porque te dejarán basto aprendizaje. Son tres bibliografías que están escritas en un lenguaje totalmente accesible y práctico:

47

Goleman, D. (2014) Focus, *el motor oculto de la excelencia*. México. Ediciones B Argentina.

Medina, J. (2010) *Los doce principios del cerebro*. México. Norma.

Romo, M. (2014) *Entrena tu cerebro, neurociencia para la vida cotidiana*. Centro de libros PAPF.

Capítulo V

INTELIGENCIA EMOCIONAL

Gómez Aceves R. Alessandra (2020) Cerebro plástico.

El ser humano ha desarrollado un cerebro que le permite experimentar emociones a niveles muy complejos, tan complejos que en ciertos momentos lo ha metido en serios aprietos por no manejarlas correctamente.

49

En este capítulo, conoceremos el valor del buen manejo de las emociones y cómo éste tiene que ver directamente con la inteligencia emocional.

Las emociones están en cada decisión que tomamos, nos acompañan a donde quiera que vamos, incluso cuando dormimos. Los ensueños, esas historias que construimos cuando estamos dormidos y que comúnmente le llamamos sueños, están cargados de emociones. ¿No te ha pasado que alguno de tus ensueños te ha despertado súbitamente, experimentando emociones fuertes? Seguramente sí.

El tema de las emociones es muy antiguo, me atrevo a decir, que desde la aparición del *homo sapiens* en África, algunos tres o cuatro millones de años que es cuando los paleoantropólogos dicen que se sofisticó el sistema nervioso humano. Pero me imagino que aquellos *homos sapiens* no debatían en torno al tema, mucho menos dimensionaban la cuestión en sus vidas, pero sí se daban cuenta de que experimentaban sentimientos, pues el cerebro que cargaban les daba esa posibilidad.

Aquí hago una aclaración: cuando me refiera a sentimiento y emociones, será lo mismo. Me respaldo en los actuales descubrimientos de la neurociencia en el terreno de las emociones. Mis teóricos son: el neurocientífico Antonio Damasio y la neurocientífica Lisa Feldman.

Pues bien, me enfocaré, como lo mencioné al principio, en aspectos prácticos, que nos ayuden a tomar más en cuenta el aspecto emocional en la vida, así como aumentar la inteligencia emocional. Hacer un recorrido histórico del tema es *harina de otro costal*.

Martín Seligman (2002), conocido como el padre de la psicología positiva dice que, "la buena vida consiste en obtener una felicidad auténtica empleando sus fortalezas características todos los días en los principales ámbitos" (p. 378). Entre sus recetas para vivir una buena vida feliz, está practicar: la bondad, el optimismo, altruismo, solidaridad; en sí, todo lo que nos haga sentir emociones positivas. Gozar de emociones positivas, para Seligman, significa mayor longevidad, menos enfermedades y por supuesto, felicidad auténtica (2002: 37-78). No está demás, recomendarte en este momento la lectura completa de *La auténtica felicidad*. No es un libro de autoayuda, es un informe de investigación científica adecuado para cualquier persona en busca de la auténtica felicidad. Búscalo.

Lo que descubrió Seligman tiene un siglo de antecedentes. Desde el comienzo de la psicología como ciencia, por allá a finales de 1800 con la investigación de los reflejos condicionados, la exploración del inconsciente con Freud y la revulsiva Tercer Fuerza de la psicología en los años 50's.

En los últimos 30 años se elevó el interés sobre las emociones. En los años 90's, los psicólogos norteamericanos Mayer y Salovey construyeron el primer concepto de inteligencia emocional, se referían a ella como la capacidad del individuo para controlar y regular los sentimientos de uno mismo y de los demás utilizándolos como guía del pensamiento y de la acción" (Fernández, Extremera, 2007: 16).

Hago notar que los Doctores Mayer y Salovey tomaron como punto de partida la inteligencia intra e interpersonal que en los años 80's propuso Howard Gardner en su teoría de las Inteligencias Múltiples, como ya se mencionó al principio de este libro.

53

Después de que Daniel Goleman popularizara el concepto de inteligencia emocional con su libro del mismo nombre, aparecieron montañas de artículos científicos y toneladas de libros *Autoayuda*. En la actualidad, siguen abundando muchos estudios científicos relacionados con las emociones. El más reciente es *"La vida secreta del cerebro. Cómo se construyen las emociones"*, de la neurocientífica Lisa Feldman Barrett (2019). Considero que este libro es lo más reciente sobre las emociones; la misma autora nombra su obra, como la nueva teoría para entender las emociones: cómo el cerebro las construye y su implicación en la vida cotidiana.

Pues bien, no hay excusa para considerar que el tema de las emociones es ordinario y fútil. Te invito a centrar tu atención en cómo manejar adecuadamente tus estados emocionales, ya que de esto depende también el buen o mal rendimiento de nuestro cerebro. Una persona hábil en el manejo de sus emociones obtendrá mejores resultados en su familia, pareja, trabajo y relaciones sociales. En otras palabras, diría: una persona con inteligencia emocional alta tendrá mejores resultados.

¿Cómo podemos evaluar nuestra inteligencia emocional?

Los Doctores Mayer y Salovey inventaron el test MSCEIT –que actualmente se usa– para determinar el nivel de inteligencia emocional (IE) de las personas. Esta puede ser una alternativa para conocer nuestra IE. La prueba evalúa la capacidad para reconocer y regular tus emociones y las de los demás. Después de identificar tu grado de IE tendrías que ponerte a trabajar en los indicadores que resultaron bajos. Ese es el trabajo difícil. La *talacha psicoterapéutica* (trabajo psicoterapéutico).

La nueva perspectiva para entender las emociones ya no proviene de una teoría psicológica convencional, sino de campo de las neurociencias. Estas disciplinas informan sus hallazgos con base en los experimentos de laboratorio y de campo. Feldman no incluye en su teoría ninguna prueba para evaluar la IE. Basa sus conclusiones en la *neuroconstrucción cerebral*. Te invito a continuar este capítulo revisando el siguiente vídeo a partir del minuto 15:59, aunque lo ideal es que lo veas desde el principio para entender el propósito de la teoría de la emoción construida de Lisa Feldman Barrett. Te dejo el enlace:

https://www.youtube.com/watch?v=1AsB wHv7yFs&t=3s

Qué te parece si ponemos en práctica las recomendaciones que hace esta neurocientífica de las emociones, para aumentar nuestra IE y dotar de más herramientas a nuestro cerebro con el propósito de ayudarle a predecir mejor. La IE se fortalece, se amplía y actualiza al ser enriquecida por conceptos, derivados de distintas experiencias emocionales. Por eso, estoy de acuerdo con esta autora en recomendar:

-Más lectura: usted elija los géneros que desee, pero lea profundamente de manera constante.

-Busque y experimente experiencias nuevas de diverso tipo, que le permitan extender sus límites de conocimiento, sensaciones, emociones y aprendizajes. Desde caminar por un sendero que sea nuevo para usted, hasta tomar un proceso psicoterapéutico.

-Elija algún tipo de práctica meditativa. En el presente, hay una gran cantidad de neurocientíficos estudiando el impacto de la actividad meditativa en el cerebro, porque han descubierto que trae grandes beneficios para la regulación emocional, es decir, ayuda de manera directa al conocimiento y control de las emociones. Anímese.

Nuestro cerebro es un órgano *plástico* estimulable, todo el tiempo. Pon atención a tu inteligencia emocional, acepta las recomendaciones de la ciencia y trata de incrementar tu inteligencia emocional, ya verás que los beneficios se verán reflejados en una calidad de vida mucho más saludable, porque, déjame recordarte lo que dije al principio de este capítulo: *"El ser humano ha desarrollado un cerebro que le permite experimentar emociones a niveles muy complejos, tan complejos que en ciertos momentos te han metido en serios aprietos por no manejarlas correctamente"*; esos "serios aprietos" pueden llamarse enfermedades mentales, como la depresión o trastornos psicosomáticos. También te dije que las emociones están en todas las decisiones que tomamos. Un incorrecto manejo de nuestro estado emocional puede derivar en decisiones equivocadas de pequeña a mayor escala.

Incrementemos nuestra inteligencia emocional para llevar a nuestro cerebro al alto rendimiento en lo personal, familiar, escolar, laboral y social.

Bibliografía

Feldman. B. L. (2019). La vida secreta del cerebro. Cómo se construyen las emociones. México. Paidós.

Fernández, N., Extremera P (2005). La Inteligencia Emocional y la educación de las emociones desde el Modelo de Mayer y Salovey. Revista Interuniversitaria de Formación del Profesorado. 19 (3). 63-93

Seligman. M. E. (2011). La auténtica felicidad. México. Penguin Random House.

Capítulo VI

POTENCIAR LA MEMORIA

Jaime Gómez Castañeda (2020) Consolidación u olvido

Con el capítulo *El mito del 10% del cerebro* nos dimos cuenta de que realmente utilizamos la totalidad del cerebro y no un bajo porcentaje. Cada persona hace funcionar su masa encefálica de manera distinta. Entonces, abrimos la gran interrogante *¿cómo potenciar el desarrollo del cerebro para obtener mejores resultados?* En *Cerebro plástico* te dije que abordaría aquellos aspectos que los neurocientíficos han acordado que tienen que ver con el desarrollo del cerebro. Continuamos con *El poder de la atención*, luego *Inteligencia emocional*. Ahora, toca el turno a *Potenciar la memoria*.

La memoria es un proceso cognitivo esencial del pensamiento, que está relacionada, sencillamente, con todo nuestro ser. ¿Quién no ha tenido *lapsus* odiosos de pérdida súbita de memoria? Por ejemplo: ¿dónde dejé las llaves, el billete de lotería? ¿dónde anoté ese número telefónico? ¿Cuánto me dijo mi mamá que comprara de frijol? ¿Cómo se simplificaba esta ecuación? El neurocientífico Antonio Damasio dice que la memoria ayuda a la mente consciente para llevar a cabo los procesos de pensamiento, juicio y decisiones; en pocas palabras, es necesaria en las tareas a las que nos enfrentamos en nuestro día a día y en cualquier otra cuestión de nuestra vida, de lo trivial a lo sublime (2019: 139).

Cada que abrimos los ojos, después de dormir, recreamos nuestra realidad con base en los recuerdos de la memoria. Si ésta estuviera atrofiada, tendríamos dificultad para reconocer el espacio en que nos encontramos, pero quizás lo más aterrador que ocurriría, sería experimentar la pérdida de sensación del yo (Feldman, 2019: 243). Todos hemos construido a lo largo de los años una identidad histórica que nos permite autodefinirnos en muchos aspectos; con una memoria fallida –como en el caso de la enfermedad del Alzheimer– estaríamos al borde de la aniquilación de la personalidad y condenados a conocer el mundo por primera vez cada día, por ejemplo.

La memoria es un proceso psicológico fundamental que debemos estimular para experimentar sus beneficios. Anteriormente, se creía que la memoria era algo así como un almacén que podíamos llenar con diversa información. Esta creencia está respaldada por muchos teóricos en la actualidad. Sin embargo, la neurocientífica Lisa Feldman (2019) ha demostrado que el cerebro humano no es ninguna especie de almacén. La *degeneración neuronal* es el argumento principal para terminar con el mito. Las neuronas tienden a agruparse constantemente según lo demanden los distintos procesos cognitivos que realiza nuestro cerebro. Entre ellos, la memoria. Dice Feldman (2019) que la *degeneración neuronal* puede entenderse mejor con el dicho *"todas para uno"* (como decir, *todas las neuronas para un proceso cognitivo*). No hay neuronas especiales para el proceso de la memoria, sino que, el cerebro funciona como un todo para ejecutar procesos del pensamiento desde los más simples hasta los más complejos.

La degeneración neuronal está relacionada con la *función predictiva* del cerebro y ésta con la memoria (Damasio, 2019:140). Lo explico de otra manera: predecir es anticiparse a lo que va a pasar y nuestro cerebro lo hace en fracciones de milisegundos, que en múltiples ocasiones ni siquiera somos conscientes de ello. A cada momento el cerebro recibe *inputs* (entradas) del exterior que ponen a prueba su función predictiva. Ejemplo: llegamos al trabajo y comenzamos a saludar a los compañeros de manera habitual, pero en el fondo de la sala de reuniones está una persona con un corte de pelo extraño y un atuendo excéntrico. Nuestro cerebro comienza a observar y ejecutar un sinnúmero de hipótesis a una rapidez impresionante: ¿Quién será esa persona?

¿Será un payaso? ¿El nuevo jefe? ¿La nueva imagen corporativa? ¿Un proyecto? ¿La persona que me sustituirá? ¿El personal de limpieza? ¿Un invitado?... Al final, nos quedamos con "un invitado especial", esta sería la mejor predicción con base en los conceptos que se movieron en el cerebro o, a experiencias pasadas. Nuestro jefe comienza a hablar y presenta al extraño como el nuevo apoderado de la empresa. En otro ejemplo, estoy sentado en una banca del parque y enfrente de mí está una joven a la cual observo discretamente. La joven recibe una llamada telefónica. Conforme avanza la conversación comienza a llorar: su semblante se torna pálido, los labios se tuercen, por instantes abre y cierra sus ojos, sus manos parecen temblar y su cuerpo se vuelve inquieto, dos veces eleva su mirada hacia las nubes. La joven y yo nos encontramos súbitamente en una mirada y ella sonríe un poco. Los pensamientos que pasan por mi mente predicen que la joven recibe noticias desagradables y quizás requiera un poco de apoyo. La joven termina su llamada diciendo a su interlocutor que esa noticia la pone muy feliz ya que deseaba ser madre desde hace ya varios años y que no podría creer los resultados del estudio.

Mi cerebro observa cientos de eventos a diario -pero no a todos les pone atención por igual- e intenta darme el mejor resultado (predicción), a veces acierta y en ocasiones falla. Feldman dice que, "las predicciones visuales, auditivas, gustativas (gusto), somatosensoriales (tacto), olfativas (olor) y motoras, viajan por todo el cerebro influyéndose y limitándose entre sí. Estas predicciones están controladas por los *inputs* sensoriales del mundo exterior, que el cerebro puede priorizar o ignorar" (2019: 93).

En la *función predictiva* del cerebro interviene la *memoria* y su aliado eterno *el aprendizaje*. Los errores o fallas en la predicción pueden corregirse con el aprendizaje de nuevos conceptos basados en distintas experiencias. Los ejemplos anteriores serán experiencias a considerar en futuras situaciones. Me daré cuenta de que no siempre las señales que observo darán similares resultados. Por ejemplo, el lenguaje no verbal no siempre significa lo mismo.

Ahora, abordaré la relación *aprendizaje y memoria* para ofrecerte algunas alternativas útiles para potenciar tu memoria y obtener mejores predicciones cerebrales.

Repetir para no olvidar

Alrededor del año 1885 el filósofo y psicólogo Ebbinghaus publicó un estudio experimental sobre la memoria. En síntesis, descubrió que la gente tiende a olvidar el noventa por ciento de lo que aprende en clase en menos de treinta días. Así mismo, demostró que la mayoría de estos olvidos suceden durante las primeras horas después de la clase. Y concluyó que la repetición del recuerdo dado tenía más probabilidades de persistir en la mente (Medina, 2010: 118-119). Recuerdas cuando nuestros(as) maestros(as) nos pedían que repitiéramos hasta el cansancio ¿las tablas de multiplicar? Estoy seguro de que a la fecha no has olvidado esas experiencias y mucho menos cuanto es 2 por 2. Quizás vaciles en el resultado de 8 por 9 o te cueste trabajo predecir el resultado correcto, pero en algunos segundos podrás decir que 8 por 9 es igual a 72. Reza un dicho "lo que bien se aprende, jamás se olvida". Sé que en el aprendizaje confluyen una inmensidad de variables, entre ellas, la significancia de lo que se intenta aprender. Si a mí me apasionan los temas relacionados con el desarrollo humano, desde luego que llevaré ventaja en mi aprendizaje sobre los estudiantes de mi clase que les llame más la atención los números y la ingeniería. Pero ambos deben tener en cuenta que la repetición es fundamental para *consolidar* aprendizajes y puedan recuperarse con mayor facilidad a través de la memoria. Ya que, por más que me apasione el desarrollo humano, es imposible memorizar toda la información a la que estaré expuesto a lo largo de mi vida.

Hablemos de la consolidación

Para que un recuerdo persista en la memoria, lo dijo Ebbinghaus, tiene que repetirse, si no, pasará al olvido. Por ejemplo ¿cuántas veces se transmite un comercial en televisión? El éxito de las marcas comerciales superfluas se basa en la repetición de su contenido superficial, que no impacta en lo más mínimo en la salud de las personas. Lo siento, no resistí poner esta analogía. La **consolidación significa** que el recuerdo se queda con nosotros para siempre. Sí, tiene que ver la repetición, pero también la **significancia**, como lo mencioné anteriormente. Pondré otros ejemplos de significancia donde la repetición no es tan necesaria para lograr consolidación de recuerdos: la ruptura de una relación de pareja que duró algunos años conservará por mucho tiempo más los recuerdos; una violación o un abuso sexual es significativo y no necesariamente tiene que repetirse una y otra vez para consolidarse, lo mismo pasa con la muerte de un ser querido con quien formamos lazos de apego significativos.

Hay personas que ostentan una memoria prodigiosa, impresionante, y que no requirieron repetir y repasar, simplemente tienden a memorizar todo con lujo de detalle. Muchas de esas mentes brillantes son personas autistas o con ese talento sobre desarrollado, los demás somos simples mortales que podemos desarrollar más el proceso de la memoria. Por otra parte, existen personas con trastornos de la memoria a las cuales se les debe de atender de distinta manera.

Antes de pasar a las recomendaciones para potenciar nuestra memoria, te comparto una cita del neurocientífico Damasio (2019) que considero de gran valor:

La memoria es imperfecta, los sentimientos, nunca se memorizan y, por lo tanto, no pueden ser rememorados. Pueden ser recreados, más o menos fielmente y, en ese proceso de rememoración, ser utilizados para completar y acompañar a los hechos que se recuerdan (196-199).

¿Habías pensado alguna vez en esa información? Interesante, ¿no te parece?

Potenciar la memoria

Cuando estoy frente a mis estudiantes de bachillerato les pregunto: ¿qué tanta información recuerdan de su secundaria en una escala de 0 a 100%? Algunos se voltean a ver y sonríen, pero se atreven a dar una cifra. Nadie dice 100%. Les propongo un análisis muy sencillo: ¿cuántas horas a la semana iban a su secundaria? ¿Cuántas por mes y por año? Indudablemente estuvieron expuestos a cientos de horas. ¿Cuánta información pasó al olvido? Este dato podría darnos una idea de cuántas horas fuimos de paseo a la secundaria sin que pasara nada altamente significativo.

Termino diciendo a mis estudiantes que mi porcentaje de recuerdos de la secundaria es deplorable y que mi bachillerato me ayudó bastante a asumir una disciplina específica para mejorar mi rendimiento escolar y estimular mi memoria. Aun así, los recuerdos de mi bachillerato no son del 100%. Como te dije es imposible memorizarlo todo.

Gracias a los trabajos de Ebbinghaus nos queda claro que tenemos que repetir la información para que se consolide en nuestro cerebro (se quede para siempre) y pueda ser utilizada de mejor manera en la función cerebral predictiva. En la actualidad, se han inventado memorias auxiliares para ayudarnos a recordar: hay aplicaciones que nos envían recordatorios, agendas electrónicas que sincronizan todos nuestros pendientes y que nos ayudan a organizar las actividades. Tú sabes a lo que me refiero con mayor precisión, pero la tecnología no puede hacer todo por nosotros, pues son eso, "memorias auxiliares". Hay tareas especiales que debemos hacer para consolidar nuestros recuerdos.

Si eres estudiante de cualquier nivel educativo, repasa lo aprendido. Crea un grupo en alguna red social solo para socializar el aprendizaje. Yo acostumbro a crear grupos de WhatsApp con estudiantes *invitados voluntarios* que utilizo para repasar. Simplemente envío una pregunta para repasar lo visto en clase y los estudiantes responden de manera breve. Esta actividad tan sencilla provoca que su cerebro retome lo aprendido fuera de clases. Se estimula la degeneración neuronal y se dan pasos importantes a la consolidación. Otra alternativa es crear clubes para repasar, reforzar el aprendizaje. En estos momentos me viene a la mente la cinta *La sociedad de los poetas muertos* que tuve la fortuna de verla en mi etapa del bachillerato. Me ayudó mucho para adquirir una disciplina específica y a aprender a reunirme con mis amigos para estudiar. Su premio Óscar la recomienda ampliamente.

En YouTube hay diversas recetas para estimular la memoria, toma alguna con precaución y sin caer en el eslogan mediático y mercadológico de llegar a tener un *súper cerebro*. Nadie tiene un súper cerebro, ni los youtubers que promocionan técnicas mágicas para desarrollarlo. El súper cerebro no existe en realidad. Sí podemos potenciar nuestras habilidades para crear productos innovadores pero la perfección solo existe en la palabra. Recuerda que todos podemos desarrollar nuestro cerebro en diferente versión.

En el capítulo *Cerebro plástico* te compartí que me fue muy bien con los estudiantes que participaron en el proyecto homónimo. Parte del éxito fue la tutoría que les ofrecí, el acompañamiento personalizado. Por lo que, no está de más encontrar un tutor que nos acompañe en el proceso de estimular nuestra memoria. Este profesional puede ser un psicoterapeuta o un coach profesional. Sea estudiante o no, te caerá muy bien ser acompañado(a) por alguien. Puede haber miles de tutoriales en YouTube, pero en nuestros tiempos, no hay nada como tener a alguien que nos ayude de manera cercana.

Revisa nuevamente el capítulo *El poder de la atención*. Concluirás que la *atención* está directamente relacionada con la memoria. Cuando nuestra atención está en donde tiene que estar, retenemos mejor la información a diferencia de estar distraídos. Varios de mis estudiantes mejoraron su capacidad de retención (memoria) a partir de focalizar en lo importante: dejando de lado sus celulares y alejándose de otros distractores del entorno educativo y fuera de él.

Como puedes observar no es difícil potenciar la memoria y crear recuerdos para siempre (consolidados). Será deseable asumir una disciplina específica para no olvidar. Ya te contaré en el siguiente capítulo cómo los hábitos están relacionados con el rendimiento del cerebro. Desde luego, crear hábitos, nos hará retomar el concepto de disciplina.

Bibliografía

Damasio. A. (2019). El extraño orden de las cosas. La vida, los sentimientos y la creación de las culturas. México. Paidós

Feldman. B. L. (2019). La vida secreta del cerebro. Cómo se construyen las emociones. México. Paidós.

Medina. J. (2010). Los doce principios del cerebro. Una explicación sencilla de cómo funciona para obtener el máximo desempeño. México. Norma.

Capítulo VII

CONSTRUIR HÁBITOS

Jaime Gómez Castañeda (2020) ¡Eureka!

Ahora ya sabemos que potenciar la memoria es indispensable para poner a trabajar a nuestro cerebro de manera más eficiente y con ello, obtener mejores resultados en nuestras ocupaciones. Aprendimos que, repetir y repasar la información, es una labor esencial que le sirve al cerebro para consolidar la información ya que, de lo contrario, se olvida. El cerebro es un órgano estimulable y plástico, es decir, que se moldea y cambia su configuración constantemente de acuerdo con los *inputs* que recibe, a través de los sentidos, y la forma en que determinamos procesarlos. La función cognitiva de la memoria es crucial para que el cerebro conecte redes neuronales y nos ayude a darnos cuenta, cada que abrimos los ojos por la mañana, que el mundo que observamos es el mismo de ayer.

Muy ligado al tema de la memoria, está el de los hábitos. ¿Has escuchado hablar sobre los 7 hábitos de la gente altamente efectiva y de los súper hábitos? Quizás sí o tal vez no. Pero no me dejarás mentir cuando te digo que sabes exactamente a lo que me refiero con hábitos y que este capítulo no descubrirá el hilo negro sobre los mismos. Parte de la educación que recibimos los humanos es, aprender distintos hábitos que ayudarán al autocuidado y prevención de enfermedades de cualquier índole, así como, a incrementar la calidad del desempeño en el trabajo y el estudio.

Sencillamente, podemos decir que un hábito es una conducta aprendida que repetimos constantemente, a veces para bien y en otras, para mal. "Tengo el hábito de lavarme los dientes tres veces al día" y eso me ayuda a prevenir las caries y otros problemas dentales. "Tengo el hábito de comer postre todos los días" y esto me afecta para el control de mi diabetes, pero me es indiferente.

Nuestro cerebro lleva a cabo un sinnúmero de funciones, entre ellas, la del aprendizaje. He dicho que el hábito es una conducta aprendida que repetimos constantemente, y le agrego, que desaprenderla es difícil. Los hábitos pueden ser sencillos de aprender. Algunos dicen que, a temprana edad, es más rápida su adquisición, pues está reconocido por los neurocientíficos que la niñez es un periodo crítico (favorable) para el aprendizaje. Cuando tenemos más años, el cerebro sigue aprendiendo, pero disminuye su rendimiento. Bien, para el aprendizaje de un hábito y de otras conductas intervienen una gran variedad de factores. Cada cerebro aprovecha sus recursos disponibles para aprender; habrá personas que se les facilite desechar viejos hábitos y construir nuevos, habrá otras a las que no les será tan sencillo. Los cerebros están moldeados de distinta manera, de otra forma, sería demasiado fácil dar de alta a pacientes que van a psicoterapia con algún tipo de adicción o trastorno.

Ya lo mencioné, se trata de desechar viejos hábitos (viejas conductas repetitivas) y construir nuevos hábitos, como un recurso necesario e indispensable para que el cerebro funcione a un nivel de alto rendimiento. Cosa fácil, ¿no crees?

Te decía anteriormente, que un hábito es una conducta aprendida y que en su aprendizaje intervienen diversas variables; una de ellas, son las creencias específicas que elegimos para legitimar o validar lo aprendido. Entonces, dejo en claro la siguiente idea: *Todos los hábitos están construidos por un sistema de creencias.* Ejemplo: "Me baño todos los días con agua fría porque es muy bueno para la circulación sanguínea y mejora mi estado de ánimo", "hago ejercicio porque activa mis neuronas y me incrementa la autoestima", "tengo el hábito de estudiar todos los días a las 5:00 pm porque aumenta mi aprendizaje", "levantarme y practicar meditación durante 1 hora, me reconforta y ayuda al manejo de mis emociones", "desde hace 15 años, tengo el hábito de fumar porque calma mi estrés y ansiedad", "uso drogas porque me hace sentir muy bien", "me lavo las manos solo 35 veces al día porque es bueno para evitar enfermedades"…

Construir hábitos

Si investigáramos cómo es que se formaron o, mejor dicho, se aprendieron hábitos, encontraríamos muchas respuestas ya que, como lo mencioné, cada persona fundamenta sus hábitos en un sistema de creencias particular: se sigue un estereotipo social, se aprendió en la escuela, un amigo lo aconsejó, lo viste en internet o quizás lo inventaste por ti mismo para comprobar resultados.

En este capítulo te invito a construir hábitos que ayuden a potenciar tu memoria, descubrir el poder de la atención y que aporten beneficios a la regulación de tus emociones.

Te das cuenta, si decidimos mejorar el rendimiento de nuestro cerebro, todas las acciones deben de ir sincronizadas para que los resultados de la interacción de las redes neuronales sean más creativos y provechosos. El hábito de repetir lo aprendido y socializarlo es un hábito que ayudará a la consolidación neuronal de la memoria. El hábito de poner toda nuestra atención en lo importante traerá como beneficio prevención de accidentes y mejora potencial de la memoria y el aprendizaje. El hábito de practicar meditación a cierta hora y con una disciplina específica, fomentará la atención y el aprendizaje, entre otros.

Antes, te comenté que el cerebro funciona con los recursos con los que cuenta, pues ayudémosle construyendo hábitos positivos como herramienta de trabajo para el ensamblaje neuronal. Te comparto un ejemplo más: No podemos estar sentados al pie de un árbol y esperar a que caiga sobre nuestra cabeza una manzana y luego gritar ¡eureka!, si no trabajamos para ello. Isaac Newton si trabajo arduamente para ello. Imagina que durante mucho tiempo trajo en su mente como paranoia las ideas e hipótesis acerca de las leyes de la gravedad, hasta que un día su cerebro, a través de la *red neuronal por defecto* (Damasio, 2019:133) le dio el clic final y apareció *la ley de la gravedad*. Este producto que ensambló su cerebro es más asombroso aún, sabiendo que Newton padecía depresión, hipocondría, insomnio, cambios de conducta y otros síntomas. Isaac Newton tenía muchos hábitos positivos.

Construye hábitos que beneficien a tu cerebro, pero siempre tenido en cuenta tu crecimiento y desarrollo humano ya que hay hábitos negativos que van en contra y empobrecen de golpe la calidad de vida. Los hábitos que elijas practicar, fortalécelos con un sistema de creencias o conceptos bien fundamentados y repítelos hasta que se consoliden en tu memoria. Algunos dicen que en 25 0 30 días se forman, yo lo dudo rotundamente. La clave es el convencimiento y la repetición. Constante repetición.

Por último, antes de acudir a YouTube o a otra fuente mágica, recuerda que la construcción neuronal de los hábitos debe estar relacionada con otros factores para que tu cerebro sincronice tus intenciones y te obsequie resultados de alto rendimiento.

Bibliografía

Damasio, A. (2019). El extraño orden de las cosas. La vida, los sentimientos y la creación de las culturas. México. Paidós.

Capítulo VIII

DESARROLLAR EL PENSAMIENTO POSITIVO

Ya expuse sobre la importancia de construir hábitos para que nuestro cerebro se haga de más recursos y funcione a un nivel que nos dé resultados creativos e inteligentes. Ahora, continuando con esta serie, te platicaré sobre los beneficios de estimular el pensamiento positivo. Para tal objetivo, citaré, ni más ni menos que, al Padre de la Psicología Positiva, Martín Seligman. Es la voz más autorizada para hablarnos del impacto del *pensamiento positivo* en: las emociones, salud, productividad, optimismo, felicidad, entre otros.

Te invito a ver la reseña que hice sobre su libro "La auténtica felicidad", donde Seligman nos expone sus hallazgos científicos en relación con la búsqueda de la auténtica felicidad. Descubriremos que el desarrollo del pensamiento positivo es parte fundamental de su propuesta. Te comparto el enlace: https://www.youtube.com/watch?v=q9Xn WdJmA9k

¿Cómo ves? ¿Verdad que sí vale la pena leer "La auténtica felicidad? Yo te lo recomiendo ampliamente. Sin duda alguna, el pensamiento positivo beneficia a la salud de nuestro cerebro. Si Seligman ha descubierto que ser positivos está directamente relacionado con la longevidad y un sistema inmunológico más fuerte, no veo por qué no modificar nuestra percepción de la realidad, regulando nuestros estados emocionales para vivir más momentos felices y disfrutar de un cerebro desarrollándose en una atmósfera más armónica y creativa.

Pero esto no es todo, continuando con esta serie, abordaré la importancia de saber un poco más sobre las ondas cerebrales, la sinapsis y neurogénesis. Estoy seguro de que el conocimiento de esto te hará reflexionar y seguir proponiéndote algunos cambios en pro del desarrollo de tu cerebro.

Bibliografía

Seligman. M. E. (2011). *La auténtica felicidad.* México. Penguin Random House.

Capítulo IX

EJERCICIO Y CEREBRO

Gómez Aceves R. Alessandra (2020) Cerebro plástico.

Hace 20 años no estaba de moda, en el mundo, el estilo de vida *fitness*, caracterizado por mantener una disposición constante al ejercicio (principalmente en el gimnasio), alimentarse saludablemente y hasta comprarse unos tenis tipo runner. En los ochenta y noventa, Sylvester Stallone y Schwarzenegger eran los estereotipos más famosos en cuanto a mantenerse en forma, pero sabemos todos, que a casi nadie le importaba, lo único que vendía estos personajes eran sus películas. Entrando los 2000 comenzaron a proliferar con mayor intensidad los gimnasios y un montón de estereotipos relacionados con la belleza. Te comparto que, a principios de la primera década, un amigo me invitaba a tomar rutinas de gimnasio y me hablaba de los beneficios de esa disciplina. Yo me negué, no sentía empatía por ese estilo de vida, mucho menos con tomar suplementos alimenticios, que también empezaban a hacerse famosos.

Ahora, en el 2021 como es lógico, la realidad es distinta. Algunos de los efectos de esas campañas llenas de estereotipos por la belleza, más otras patologías sociales, han creado millones de casos de personas con trastornos de la conducta alimentaria y otras derivaciones. La sociedad está sumida en una gran paradoja: por un lado, se promueve el estilo de vida *fitness* y por otro, con mayor intensidad, los estereotipos de belleza a toda costa. Ya no solo es ir al GYM sino también, se legitima hacerse modificaciones corporales, a veces, al precio que sea. Todo esto, en una sociedad de alto consumo material y calórico. Quien no puede verse bonita(o), le entra con ganas a la obesidad. ¡Vaya, qué sociedad tan convulsionada! ¿no crees?

Pues bien, te preguntarás, esto que relato ¿qué tiene que ver con la serie que pongo a tu disposición, acerca del alto rendimiento del cerebro? El punto central es el ejercicio. A nuestro cerebro le cae de maravilla que nos ejercitemos. ¿Vale la pena entonces asumir un estilo de vida *fitness* o hacer caso a los estereotipos de belleza? No es tan necesario ser persona *fitness* ni mucho menos encajar en un estereotipo de belleza. El cerebro no ha evolucionado para un estilo de vida *fitness*, y mucho menos, para lucir hermoso(a). Estos dos conceptos son inventos que la sociedad ha creado -como muchos más- para vender y controlar las masas.

Se dice, que el homo sapiens antiguo, de hace por lo menos 2.5 millones de años, caminaba en promedio 15 kilómetros diarios. Claro, estamos hablando de los cazadores y recolectores nómadas. Algunos neurocientíficos atribuyen parte de la evolución del cerebro a estos recorridos diarios que hacían nuestros antepasados (Medina, 2010).

Todos sabemos que cuando hacemos algún tipo de actividad física, nuestro organismo nos lo agradece sintiéndose diferente: descansado, desestresado, activado, con mayor atención, etc. A continuación, te comparto algunas notas importantes para ir más allá de esos beneficios que experimentamos al hacer ejercicio, aprenderás cómo la actividad física se relaciona directamente con el desarrollo del cerebro. Asómbrate, reflexiona y diseña algún cambio personal:

-Nuestros cerebros no se desarrollan mientras holgazaneamos, sino mientras hacemos ejercicio (Medina, 2010).

-Como dice el nutricionista Michael Colgan, si no tienes tiempo para el ejercicio físico ya puedes ir ahorrando tiempo para la enfermedad (Romo, 2014).

-A mayor actividad aeróbica, menor degeneración neuronal (Romo, 2014).

-El ejercicio mejora el estado físico cardiovascular, lo que a su vez reduce el riesgo de padecer enfermedades como ataque el corazón o derrame cerebral (Medina, 2010).

-Las personas que hacen ejercicio superan a los sedentarios en las pruebas que miden la memoria a largo plazo, el razonamiento, la atención, la solución de problemas e incluso las llamadas tareas de inteligencia fluida (Medina, 2010).

-Hacer ejercicio aeróbico de treinta minutos dos veces o tres veces por semana (Medina, 2010).

-La actividad física es como un dulce para las facultades cognitivas. Lo único que tenemos que hacer es movernos (Medina, 2010).

Sabemos que el ejercicio influye en la *neurogénesis* (producción de células del sistema nervioso central, neuronas y células gliales). Las personas que realizan ejercicio aprenden más rápido, recuerdan mejor, piensan de forma más clara, se recuperan antes de un accidente cerebral y tienen menos probabilidades de padecer depresión y otras disfunciones cognitivas relacionadas con la edad (Romo, 2014).

El movimiento rápido hace que la señal eléctrica no pueda disiparse entre cada señal. Esta actividad desarrolla el cerebro y favorece la liberación de unas sustancias químicas denominadas factores de desarrollo (neurotrofinas). Los factores de desarrollo son como el maná para las neuronas. Las fortalecen, las nutren y mejoran su habilidad para aprender (Romo, 2014).

Te recomiendo la lectura de esos dos autores, para que profundices en el tema y te convenzas sobre la importancia de hacer ejercicio para que tu cerebro se desarrolle mucho mejor y te dé la oportunidad de aprender mejor y vivir más allá del promedio, de una manera saludable.

Te das cuenta, las recomendaciones no señalan ser *fitness*, simplemente abandonar el sedentarismo y activarse frecuentemente, solo eso. Hay millones de recomendaciones en internet acerca de "las mejores rutinas", de hecho, algunas pueden caer en el famoso eslogan del *súper cerebro*, que ya había comentado. Te recomiendo ser práctica(o) y no dejarte llevar por la basura mercadológica. La consigna es bastante práctica y beneficiosa, solo haz ejercicio, pero ten en cuenta siempre la opinión de tu proveedor de salud, si es que padeces alguna enfermedad que se contraponga con el ejercicio rutinario.

Bibliografía

Medina. J. (2010). Los doce principios del cerebro. Una explicación sencilla de cómo funciona para obtener el máximo desempeño. México. Norma.

Romo. M. (2014). Entrena tu cerebro: Neurociencia para la vida cotidiana. España. Planeta Spain.

Capítulo X

ONDAS CEREBRALES

En 1994 se estrenó la cinta, Frankenstein de Mary Shelly, protagonizada por Robert De Niro, que, en mi opinión, ha sido la mejor adaptación de la novela a la pantalla grande. Para entonces, yo estudiaba la preparatoria y hasta 1999 vi por primera vez el filme en casa. Si tú también viste esta producción, recordarás cuando Víctor Frankenstein genera movimiento en la mano muerta de un mono, a través de unos impulsos eléctricos. Cuando yo vi la escena quedé impresionado. Sí, a mis 19 años, quizás algo tardío, me di cuenta del contexto de la novela y el motivo de su creación. Se trataba de un desafío frontal al oscurantismo con especial dedicatoria al Dios del Cristianismo. La obra se publicó por primera vez en 1818. En ese momento, algunas ciencias ya estaban encaminadas al desarrollo continuo.

Bien, ¿qué tiene que ver el Frankenstein de Mary Shelly con el desarrollo del cerebro? -mucho-.

Se ha dicho por décadas que la ciencia ficción va de la mano con los descubrimientos de la ciencia. En este caso, no estoy pronosticando la llegada de un Frankenstein al siglo XXI, sino, sólo destaco el descubrimiento de la función eléctrica en el cuerpo y en el cerebro y su trascendencia en la actualidad. Mary Shelly fue escritora y seguramente utilizó ese descubrimiento para dar forma al argumento de su obra. Se sabe que desde hace 2500 años A.C. la humanidad ya tenía conocimientos de la electricidad y el

106

magnetismo. Pues bien, ahora contextualicemos la función eléctrica en el cerebro. Continuaré con otra referencia cinematográfica.

¿Has visto la cinta titulada One flew over the Cuckoo's nest? en México es conocida como *Atrapado sin salida* (1975), protagonizada por Jack Nicholson. En caso de que no, solo te platico que la trama se desenvuelve en un hospital psiquiátrico donde la terapia convulsionante (electroschoks) es parte del tratamiento para enfermos mentales.

Se creía que una descarga de impulsos eléctricos masivos iba a poner orden en la corteza cerebral del paciente y la vida regresaría a la normalidad. Si las conexiones sinápticas que mantenían la cordura del paciente se habían roto, unos electroshoks podría remediarlo. La medicina canceló ese tipo de tratamientos porque no generaba curación, además se

107

dijo que era un tratamiento invasivo, hasta perjudicial. Entonces se dio paso a la terapia farmacológica combinada con la psicoterapia.

El médico inglés Richard Caton (1842-1926) fue un científico cuyo interés estaba en la naturaleza eléctrica del cerebro:

> A raíz de sus investigaciones en julio de 1875, Caton informó a la Association médicale britannique, que él había empleado el galvanómetro para observar impulsos eléctricos de las superficies de los cerebros vivos en los sujetos animales (cf. Smith 1970) (Doigt 1994). Estos Trabajos pusieron en relieve la presencia de corrientes eléctricas en el cerebro - exactamente en el encéfalo - (Caton publicó el resultado. en Edimburgo, sus experiencias sobre los cerebros de los perros y monos; en estos cerebros los electrodos unipolares desnudos se colocaron el uno o el otro sobre la corteza cerebral y el otro sobre la superficie del

cráneo. Las corrientes fueron medidas por un galvanómetro sensible; él se percató que había una corriente eléctrica que presentaba variaciones distintas las mismas, que aumentaban durante el sueño) (Recuperado de https://www.rvd-psychologue.com/es/la-neuroestimulacion.html).

En la década de 1920, el neuropsiquiatra alemán Hans Berger descubrió las ondas cerebrales y su relación con diferentes estados de conciencia, entre ciertas actividades mentales y las variaciones de la señal eléctrica emitida por el cerebro. Ya pensaba entonces que ciertas señales anormales reflejaban desórdenes clínicos. En 1958, Joseph Kamiya, profesor de la Universidad de Chicago, entrenó a un voluntario para la emisión de ondas alfa (8-13Hz) y de esta manera confirmó la capacidad del ser humano de controlar sus propias ondas cerebrales. Ahora, sabemos que podemos entrenar al cerebro para que sea más flexible y adquiera un mayor poder de recuperación (Romo, 2014: 17-18).

Te comparto cuáles son las ondas cerebrales más importantes que están asociadas a estados de consciencia:

-Ondas Beta (13 o más Hz): relacionadas con estados de alerta, atención, focalización y pensamiento activo.

-Ondas Gamma (40 a 100 Hz): intuición y creatividad, lucidez, extrema concentración.

-Ondas Alfa (8-12 Hz): nos permite experimentar lucidez relajada, introspección.

-Ondas Theta (4-7 Hz): somnolencia, imaginería y sueños.

-Ondas Delta (0-4 Hz): sueño profundo (Romo, 2014: 18-19).

Todos los días, el cerebro experimenta diferentes frecuencias eléctricas, algunas veces provocadas por iniciativa propia, otras, derivadas de estímulos externos. Es muy notorio, cómo, ciertas frecuencias están relacionadas con las actividades que realizamos a diario: las ondas *beta* nos permiten estar alerta en todo momento, poner atención, realizar el trabajo del día sin descuidarnos; las **ondas gamma** las experimentamos cuando estamos en estados de gran lucidez y creatividad. Por ejemplo, imagina que te encuentras muy emocionado(a) porque te están surgiendo ideas o proyectos impresionantes -estarías vivenciando la frecuencia gamma-; las **ondas alfa**, nos ayudan a concentrar la atención en nosotros mismos: explorar en el interior a través de alguna técnica meditativa; las **ondas theta**, las vivimos cuando nos está llegando el sueño y las **Delta** nos permiten conciliar el sueño profundamente.

Para desarrollar aún más el cerebro ¿Qué ondas debemos estimular?

Recuerdas el capítulo ¿*El poder de la atención*? Ahí te insistía en potenciar la atención en lo que se hace a diario y no distraerse, ya que la atención está directamente relacionada con la memoria y el aprendizaje. No mencioné nada respecto a las ondas cerebrales. Ahora, recuerde lo que te decía en el capítulo *Construir hábitos*, mencioné que tiene que haber una sincronía en los factores que intervienen en el desarrollo del cerebro. En este momento, sabes que, podemos estimular una frecuencia determinada de ondas cerebrales, para facilitar un mejor rendimiento. Si ya nos hemos dado cuenta de los estados psicológicos que devienen de las ondas cerebrales, ahora el trabajo consiste en sintonizar la frecuencia adecuada para obtener mejores resultados. Ejemplos:

-Presentaré mañana un examen de física: requiero concentración total y lucidez (ondas Beta y Gamma). ¿cómo le ayudarías a tu cerebro para cumplir con este objetivo?

-El estrés me agobia, estoy al borde: ¿por qué no salir de la frecuencia Beta e inducir nuestra conciencia a ondas Alfa o quizás, poner más orden en nuestro descanso? ¿te caería bien regular las ondas Delta? ¿Qué recomendarías?

La lista de ejemplos sería extensa porque muy variados son nuestros estados mentales a cada momento. La recomendación ideal sería, encontrar el equilibrio deseado y no volver loco al cerebro en medio de esta modernidad tan ajetreada.

Hasta aquí, pareciera que todo parte de nuestra voluntad, ¿no es así? Pues no. Resulta que también podemos inducir frecuencias eléctricas cerebrales, sin que intervenga nuestra voluntad. Se trata de la terapia llamada *neuroestimulación*, que consiste en, provocar en el cerebro las ondas cerebrales que se requieran, con un objetivo terapéutico. El cerebro, va entonces a alinear al estímulo programado y reproducir el estado de conciencia determinado. El efecto es acumulativo. Inducidas las ondas, ellas son producidas por el cerebro naturalmente en sus distintos estados: podemos así generar: ondas de relajación, de control de la ansiedad, etc. El portal https://www.neurofeedback.cat utiliza una técnica llamada neuroterapia o EEG biofeedback, que consiste en entrenar al paciente para mejorar su función cerebral a través de la interacción entre su cerebro y el ordenador. El propósito es lograr la autorregulación y con ello, mejorar las anomalías que son causa de problemas psicológicos, neurológicos y psiquiátricos, además, ayuda a mejorar las conexiones entre las diferentes áreas del cerebro.

El historiador Harari (2016), en su libro Homo Deus, cita algunos de los beneficios de la neuro estimulación transcraneal, como una de las terapias que ayudarán exitosamente a modular la bioquímica cerebral. Menciona un par de casos experimentales donde se utilizan los nuevos dispositivos (cascos e interfaces) para provocar estados relajantes en las personas, y otros, en los que se han obtenido avances significativos para curar la depresión.

Pues bien, hemos pasado de la terapia de electroschoks a la neuro estimulación no invasiva, lo que vaticina cambios importantes en el tratamiento de las enfermedades mentales, y con esto, desde luego, en los estados de ánimo. Para algunos científicos, estos tratamientos aún están en fase experimental, para otros, ya son una realidad tangible pero no al alcance de todos. Te recomiendo documentarte aún más sobre esta temática y no caer en manos de charlatanes. Por lo pronto, que te parece si hacemos lo que está en nuestras manos: trabajar en la autorregulación de las ondas cerebrales que están más relacionadas con el desarrollo del cerebro. Estoy seguro de que, si aprendemos a modular su frecuencia, podemos estar más en equilibrio y sacar mayor provecho de nuestro cerebro. Finalizo diciéndote nuevamente, que a veces no basta con el "hágalo usted mismo", necesitamos recurrir a una persona que nos acompañe en nuestro proceso de desarrollo humano, esa persona puede ser un psicoterapeuta, un maestro Yogui, un maestro en la meditación, un investigador en las neurociencias, etc. Por y para algo están estas y otras figuras en el mundo, aprovechémoslas.

Bibliografía

Harari. N. H. (2016). *Homo Deus. Breve historia el mañana.* México. Debate.

Romo. M. (2014). *Entrena tu cerebro: Neurociencia para la vida cotidiana.* España. Planeta Spain.

https://www.rvd-psychologue.com

https://www.neurofeedback.cat/que-es-neurofeedback/

Capítulo XI

DORMIR BIEN

La historia registra que, en 1965, el adolescente de 17 años, Randy Gardner realizó un experimento para la feria de la ciencia, que consistió en no dormir durante once días. Los resultados indicaron que la mente del chico comenzó a fallar en los primeros días:

> Randy se volvió irritable y olvidadizo, empezó a sentirse mareado y, para sorpresa de nadie, increíblemente cansado. A los cinco días de haber empezado el experimento, comenzó a sufrir lo que podría confundirse con la enfermedad de Alzheimer. Alucinaba

activamente y estaba muy desorientado y paranoico. En los últimos cuatro días, Randy perdió destrezas motoras, le temblaban los dedos y experimentó dificultades para hablar (Medina,2010: 177-178).

Este caso, es muy citado en diversas fuentes, porque además de ser un aporte al conocimiento científico, Randy logró un récord mundial sobre la privación del sueño. En la actualidad, nadie tiene duda de que dormir bien es necesario para nuestra salud física y mental. El cerebro requiere descansar lo suficiente para que las tareas cognitivas que desarrolla se ejecuten de manera armónica. Una de esas tareas es la *predicción*. En el capítulo *Inteligencia emocional*, te comenté sobre esa función y su relación con la inteligencia emocional, pues bien, ambas: predicción cerebral e inteligencia emocional no puede desempeñarse satisfactoriamente si no dormimos lo suficiente (Feldman, 2019: 226).

Sin leer un solo libro o artículo, es sabido por todos que, cuando tenemos un descanso placentero, funcionamos mejor durante el día: no nos levantamos "de malas", no hay dolor de cabeza, nuestro estado emocional se experimenta ecuánime y activo, nos sentimos optimistas, entusiastas, con energía; aprendemos mejor, etc. Sucede lo contrario cuando tenemos un mal descanso por alguna circunstancia, por ejemplo, una gran preocupación, el perro del vecino que no dejó de ladrar toda la noche, el hijo(a) enfermo(a) al cual se tuvo que cuidar, el exceso de ocupaciones que nos llevó a la cama ya muy tarde y dormimos poco, una cena pesada con exceso de calorías, una migraña enfadosa o un ciclo de pesadillas...

Sencillamente, podemos concluir que la calidad del descanso está relacionada con múltiples estados mentales y emocionales. Te comparto los siguientes datos:

-En 1994, los neurobiólogos Avi Karni y Dov Sagi, del Instituto Weizmann de Ciencias de Israel, demostraron que cuando las personas dormían toda una noche conseguían mejores resultados en tareas que exigían una discriminación rápida entre objetos (Romo, 2017: 33).

-Stickgold, descubrió que únicamente cuando el sueño duraba más de seis horas mejoraba el rendimiento de las personas en las 24 horas posteriores a las pruebas de aprendizaje (Ibid).

-Los mismos investigadores de Israel demostraron en 2006 la increíble capacidad del sueño para estabilizar recuerdos, ofreciendo nuevas evidencias opuestas al mito de que el sueño sólo protege pasivamente los recuerdos frente a las interferencias. Demostraron que el sueño cambia el recuerdo y lo robustece, haciéndolo más resistente a cualquier distracción al día siguiente. Incluso afirman que durante el sueño el cerebro puede diseccionar los recuerdos y retener sólo los detalles más importantes, como si hiciera una criba de recuerdos (Romo, 2014: 33-34).

-Un estudio de la NASA demostró que una siesta de 26 minutos mejoraba el rendimiento de los pilotos en más de 34 por ciento (Medina, 2010: 187).

Aunque se sabe que el cerebro no descansa mientras vive, es un hecho que cuando duerme, se activan funciones reparadoras, de lo contrario, cuando despertamos no sentiríamos un cambio en nuestra homeostasis organísmica. Por ejemplo, la red neuronal o *cerebral por defecto* juega un papel muy activo durante el descanso. Ésta como otras redes que existen en el cerebro y que se encargan de múltiples funciones corporales, participa en el proceso de ensamblaje narrativo, entre una de sus funciones (Damasio, 2019: 133, Feldman, 2019: 388, 390, Aguado, 2019: 30). Esto es, mientras dormimos, dicha red encuentra un espacio propicio para trabajar ideas, conceptos, tareas que se requieren en la vida diurna. ¿Cuántos de nosotros después de un buen descanso, no nos levantamos con la "mente más fresca" y listos para producir? además ¿experimentamos una cascada de ideas nuevas o proyectos innovadores?

"Un correcto funcionamiento de la red cerebral por defecto podría ser una condición indispensable para la salud mental. Varios trastornos psiquiátricos, neurológicos y degenerativos van asociados a un funcionamiento anómalo de este sistema cerebral" (Aguado, 2019: 30).

La recomendación es simple, duerme bien, mínimo 6 horas seguidas u 8 máximo. Si tienes oportunidad, tome una siesta, tu cerebro te lo agradecerá enormemente. Te comparto algunas recomendaciones que juzgo factibles y beneficiosas para disfrutar de un buen descanso. Tomado de Romo (2014: 37-40):

-Acuéstese y levántese siempre a las mismas horas.

-Duerma la siesta.

-Haga ejercicio.

-Evitar refrescos y cafeína por la tarde y cenar demasiado.

-Evita dormir con calefacción puesta.

-Realiza actividades transitorias antes de dormir: leer, meditar.

-Evita la tableta o el celular antes de dormir.

-En la cama, solo cosas buenas: no discusiones. - Genera imágenes mentales positivas.

Por último, te insisto, cuida la calidad de tu descanso. Este es un tema muy importante. En caso de sufrir dificultades más allá de lo "normal" para conciliar el sueño, recuerda que hay instituciones especializadas a las que se puede recurrir. Aquí te menciono algunas de ellas en México:

-https://www.fundacionunam.org.mx/unam-al-dia/la-unam-te-explica-conoces-la-clinica-del-sueno/

http://iner.salud.gob.mx/interna/clinica_sueno.html

https://www.hospitalsatelite.com/clinicadesueno

Duerme bien y tu cerebro se desarrollará mucho mejor.

Bibliografía

Aguado. L. (2019). *Cuando la mente encontró su cerebro*. España. Alianza Editorial.

Feldman. B. L. (2019). *La vida secreta del cerebro. Cómo se construyen las emociones*. México. Paidós.

Medina. J. (2010). *Los doce principios del cerebro. Una explicación sencilla de cómo funciona para obtener el máximo desempeño*. México. Norma.

Romo. M. (2014). *Entrena tu cerebro: Neurociencia para la vida cotidiana*. España. Planeta Spain.

Medina John. *Talks at goolge*

https://www.youtube.com/watch?v=IK1n MQq67VI

https://ciencia.nasa.gov/science-at-nasa/2005/03jun_naps

https://www.bbc.com/mundo/noticias-42664939

Capítulo XII

INTELIGENCIAS MÚLTIPLES

La teoría de las *Inteligencia Múltiples* (IM), publicada en 1983 por Howard Gardner, fue el resultado de un estudio que le encomendó la Fundación Bernard Van Leer de la Haya en 1979, cuyo propósito era, indagar sobre la naturaleza del potencial humano y su realización (Gardner, 2015: 13). A la fecha, la propuesta de Gardner ha permeado diferentes campos disciplinares como fuente bibliográfica necesaria para comprender el desarrollo humano, así como también, se ha constituido en un modelo firme para entender la inteligencia humana.

¿Recuerdas el capítulo *El concepto de la inteligencia*? Te mencionaba a Howard Gardner y su concepción de la inteligencia humana, en relación con el famoso Cociente Intelectual (CI). Pues bien, retomaré la misma cita que te compartí con anterioridad: *Todos somos tan diferentes en parte porque todos poseemos combinaciones distintas de inteligencias. Si reconocemos este hecho, creo que al menos tendremos más posibilidades de enfrentarnos adecuadamente a los numerosos problemas que se nos plantean en esta vida* (Gardner, 1987).

El tema de la inteligencia quedó agotado en aquel capítulo, ahora, retomando esta cita, te diré que, para un óptimo desarrollo de nuestro cerebro, es necesario tomar en cuenta lo que descubrió Gardner con su teoría de las IM, en la actualidad, neurocientíficos reconocidos, están a favor del cerebro que trabaja como un todo y no dividido en partes, como se creía en el siglo pasado (Damasio, 2019, Feldman, 2019). El intelecto no es una sola pieza (un CI), sino que es varios componentes (Gardner, 1987).

También recordarás, lo dicho en varias citas acerca de que el desarrollo del cerebro requiere la sincronía de muchas tareas, de lo contrario, no podrá regalarnos esos saltos cualitativos y creativos, que a veces, nos dejan "con el ojo cuadrado". Echa un vistazo a las IM, porque son parte del desarrollo del potencial humano.

¿Qué son las IM?

Para entender este concepto, primero debemos asumir la definición de inteligencia de Gardner:

> Inteligencia es la capacidad de resolver problemas, o de crear productos, que sean valiosos en uno o más ambientes culturales. Se trata de una definición que

nada dice acerca de las fuentes de tales capacidades o de los medios adecuados para medirlas (Gardner, 1983: 5)

Entonces, Gardner opta por una visión más amplia y funcional del concepto de «inteligencia». Ésta se desarrolla en la vida de las personas de muy diversas maneras. Gardner aportó un método para trazar la amplia gama de capacidades que posee el ser humano agrupándolas en ocho categorías o «inteligencias» (Armstrong, 2006: 10). Sin embargo, el mismo Gardner asegura que no existe, y jamás puede existir, una sola lista irrefutable y aceptada, en forma universal, de las inteligencias humanas. Jamás existirá una lista maestra de 3, 7 o 100 inteligencias que puedan avalar todos los investigadores (Gardner, 1983).

Detonantes de las IM

Dice Thomas Armstrong (2006), alumno de Gardner, que todos poseemos las ocho inteligencias, algunas en mayor y otras en menor medida (p. 24) y que éstas, pueden desarrollarse de acuerdo con tres factores determinantes:

> 1) La dotación genética que heredamos,
> 2) La historia vital (educación familiar) y
> 3) los antecedentes culturales e históricos (pp. 24-26). La interacción de estas variables dice bastante del nivel de desarrollo de cada inteligencia. Ejemplo: una persona que creció en un ambiente repleto de familiares músicos probablemente desarrollará no solo el gusto sino también las aptitudes para la música y será un músico. Claro que siempre habrá excepciones.

A continuación, una descripción de las ocho inteligencias. Toma esta cita como un ejercicio introspectivo para autoexaminarte en cada una de las inteligencias, y reflexionar sobre tus límites y posibilidades:

Inteligencia lingüística		
Componentes clave	Sistemas de símbolos	Estados finales máximos
Sensibilidad a los sonidos, la estructura, los significados y las funciones de las palabras y del lenguaje	Lenguajes fonéticos	Escritor, orador
Sistemas neurológicos	Factores de desarrollo	Manifestaciones
Lóbulos temporales, izquierdo y frontal	Primera infancia y permanece sólida hasta la vejez	Historias orales, narraciones, literatura.
Orígenes evolutivos	Presencia en otras especies	Factores históricos
Notaciones escritas de hace 30, 000 años.	Capacidad de elección de los monos.	Mayor importancia de la transmisión oral antes de la prensa

Armstrong (2006)

Algunos ejemplos:

Maestros	Estimulación y desarrollo
Antonio Alatorre (1922-2010). *Escritor, filólogo, crítico literario, traductor y novelista mexicano.* Jaime Sabines (*Poeta y político mexicano*)	Lectura Audiolibros Juego de Scrable Cursos de poesía Idiomas ... ...

Inteligencia lógico matemática		
Componentes clave	Sistemas de símbolos	Estados finales máximos

Sensibilidad a los patrones lógicos o numéricos y capacidad de discernir entre ellos; mantener largas cadenas de razonamiento	Lenguajes informáticos	Científico, matemático
Sistemas neurológicos	**Factores de desarrollo**	**Manifestaciones**
Lóbulos frontal izquierdo y parietal derecho	En la adolescencia y primera etapa adulta; desciende a partir de los 40	Descubrimientos científicos, teorías matemáticas, cálculo y sistemas de clasificación.
Orígenes evolutivos	Presencia en otras especies	Factores históricos
Primeros sistemas numéricos y calendarios	Las abejas calculan distancias a través de sus «danzas»	Mas importante con la influencia de los ordenadores

Armstrong (2006)

Algunos ejemplos:

Maestros	Estimulación y desarrollo
Carl Sagan. *Astrónomo, astrofísico, cosmólogo, escritor y divulgador científico estadounidense. Ver Serie COSMOS, Leer novelas: Contacto, El mundo y sus demonios.* Albert Einstein Lista interminable…	Juegos de razonamiento: Rompecabezas, lógica, etc.

Inteligencia Espacial		
Componentes clave	**Sistemas de símbolos**	**Estados finales máximos**
Capacidad de percibir con precisión el mundo viso-espacial y de introducir cambios en las percepciones iniciales	Lenguajes ideográficos (chino)	Artista, arquitecto.

Sistemas neurológicos	Factores de desarrollo	Manifestaciones
Regiones posteriores del hemisferio derecho	El pensamiento topológico en la primera infancia da paso al paradigma euclidiano en torno a los nueve o diez años; el ojo artístico conserva su fuerza hasta la vejez	Obras de arte, sistemas de navegación, diseños arquitectónicos, inventos.
Orígenes evolutivos	Presencia en otras especies	Factores históricos
Pinturas rupestres	Instinto territorial de diversas especies	Más importante con la aparición del video y otras tecnologías visuales

Armstrong (2006)

Algunos ejemplos:

Maestros	Estimulación y desarrollo
José Atanasio Monrroy. *Pintor.* Artistas: Pintores, arquitectos, topógrafos. La tecnología en 3D	Dibujar, pintar. Video juego Minecraft, Arte, elaboración de boceto. Ilusiones ópticas. *Proyecto en CUCOSTA SUR conciencia integradora.*

Inteligencia Cinético-corporal		
Componentes clave	Sistemas de símbolos	Estados finales máximos
Capacidad de controlar los movimientos corporales y de manipular objetos con habilidad	Lenguaje de signos (braile)	Atleta, bailarín, escultor.
Sistemas neurológicos	Factores de desarrollo	Manifestaciones
Cerebelo, ganglios basales, córtex motor.	Varían según el componente (fuerza, flexibilidad) o el ámbito (gimnasia, béisbol, mimo)	Artesanía, atletismo, teatro, danza, cultura.
Orígenes evolutivos	Presencia en otras especies	Factores históricos

Evidencia de uso de primeras herramientas	Uso de herramientas por parte de primates, osos hormigueros y otras especies	Fue más importante en el periodo agrario

Armstrong (2006)

Algunos ejemplos:

Maestros	Estimulación y desarrollo
Marcel Marceu (Actor, mimo) Deportista Bailarín Escultor	Artesanías, Baile El ejercicio estimula el potencial cerebral (Medina, 2010). Está asociado con la evolución cerebral.

Inteligencia Musical		
Componentes clave	Sistemas de símbolos	Estados finales máximos
Capacidad de producir y apreciar ritmos, tonos y timbres; valoración de las formas de expresión musical	Sistemas de notación musical, código morse.	Compositor, intérprete
Sistemas neurológicos	Factores de desarrollo	Manifestaciones
Lóbulo temporal derecho	Es la primera inteligencia que se desarrolla; los prodigios suelen atravesar una crisis en el desarrollo	Composiciones musicales, interpretaciones, grabaciones
Orígenes evolutivos	Presencia en otras especies	Factores históricos
Evidencia de la existencia de instrumentos musicales en la edad de pieda	Canto de los pájaros	Fue más importante en la cultura oral, cuando la comunicación era de naturaleza más musical

Armstrong (2006)

Algunos ejemplos:

Maestros	Estimulación y desarrollo
Mozart Beethoven Igor Stravinsky	Participa en un coro. Aprender un instrumento musical.

Inteligencia Interpersonal		
Componentes clave	Sistemas de símbolos	Estados finales máximos
Capacidad de discernir y responder adecuadamente a los estados de ánimo, los temperamentos, las motivaciones y los deseos de los demás	Actitudes sociales (gestos y expresiones faciales)	Consejero, líder político (Carl Rogers, Mandela)
Sistemas neurológicos	Factores de desarrollo	Manifestaciones
Lóbulos frontales, lóbulo temporal (en especial del hemisferio derecho), sistema límbico	El cariño y los vínculos afectivos resultan esenciales en los tres primeros años.	Documentos políticos, instituciones sociales
Orígenes evolutivos	Presencia en otras especies	Factores históricos
Necesidad de vivir en grupos para cazar y/o recolectar	Lazos maternos observados en primates y otras especies	Más importante con el aumento de la economía de servicios.

Armstrong (2006)

Algunos ejemplos:

Maestros	Estimulación y desarrollo
Sigmund Freud Carl Rogers Fritz Perls Movimiento Humanista Movimiento del potencial humano Salovey y Mayers: *Inteligencia Emocional*	Dinámicas interpersonales, trabajo en equipo, dinámicas ejercicios, entrenamiento de empatía en diferentes carreas. Tesis «Miedo al Contacto en pareja» RIFKIN (2010) Civilización empática.

	Inteligencia Intrapersonal		
	Componentes clave	Sistemas de símbolos	Estados finales máximos
	Acceso a la propia vida interior y capacidad de distinguir las emociones; conciencia de los puntos fuertes y débiles propios.	Símbolos del yo (sueños y manifestaciones artísticas)	Psicoterapeuta, líder religioso (Freud y Buda)
	Sistemas neurológicos	Factores de desarrollo	Manifestaciones
	Lóbulos frontales, lóbulo temporal (en especial, del hemisferio derecho), sistema límbico.	La formación del límite entre el «yo» y los «otros» resulta esencial en los tres primeros años.	Sistemas religiosos, teorías psicológicas.
	Orígenes evolutivos	Presencia en otras especies	Factores históricos
	Primeras evidencias de vida religiosa	Los chimpancés se reconocen en un espejo; los monos experimentan miedo.	Sigue siendo importante en una sociedad cada vez más compleja que obliga a tomar decisiones.

Armstrong (2006)

Algunos ejemplos:

Maestros	Estimulación y desarrollo
Sigmund Freud Carl Rogers Fritz Perls Movimiento Humanista Movimiento del potencial humano Salovey y Mayers: *Inteligencia Emocional*	Dinámicas intrapersonales, ejercicio vivencial, darse cuenta. Transpersonal Introyección. Mirar adentro.

Inteligencia Naturista		
Componentes clave	Sistemas de símbolos	Estados finales máximos

139

Distinguir a los miembros de una especie; conciencia de la existencia de otras especies con las que convivimos, y capacidad para trazar las relaciones entre distintas especias	Sistemas de clasificación de especies (mapas de hábitat)	Naturalista, biólogo, activista en defensa de los animales (Charles Darwin)
Sistemas neurológicos	**Factores de desarrollo**	**Manifestaciones**
Áreas del lóbulo parietal izquierdo importantes para distinguir las cosas «vivas» de las «inanimadas».	Niños pequeños; la educación o la experiencia aumentan la capacidad formal o informal.	Taxonomías populares, conocimientos sobre hierbas, rituales de caza, mitologías de animales.
Orígenes evolutivos	**Presencia en otras especies**	**Factores históricos**
Las herramientas de caza más antiguas revelan el conocimiento de otras especies	Instinto cazador en innumerables especies para distinguir entre presas y animales que no lo son	Período agrario; posteriormente descendió debido a la expansión industrial, y en la actualidad los «expertos en la tierra» tienen más importancia que nunca en la conservación de los ecosistemas amenazados.

Armstrong (2006)

Algunos ejemplos:

Maestros	Estimulación y desarrollo
Charles Darwin	Mundo físico exploración

¿Qué te parece? Impresionante ¿no? Estas tablas hablan por sí mismas. El libro de donde extraje estos datos es ampliamente recomendable: Armstrong, T. (2006) Inteligencias múltiples en el aula. Barcelona, España. Paidós.

Es una obra bastante asequible tanto en su valor económico como en su lectura y comprensión. Aunque está adaptada para el ámbito educativo, todos podemos enriquecernos de sus propuestas.

Leyendo este tipo de bibliografías, no hay duda de que se detonan en nuestro cerebro mil ideas para potenciar nuestro desarrollo. Créelo.

Por último, ofrezco algunas tesis de esta teoría. Tomadas de los autores citados:

-Llegamos al acuerdo de que toda persona posee capacidades en las ocho inteligencias, hay quien sobresale.
-La mayoría de las personas puede desarrollar cada inteligencia hasta alcanzar un nivel adecuado de competencia.

-Las inteligencias funcionan juntas de modo complejo.

-Existen muchas maneras de ser inteligente en cada categoría.

-No existe un conjunto estándar de atributos que hay que poseer para ser considerado inteligente en un campo determinado.

-La teoría de las IM no se relaciona específicamente con los sentidos; se puede ser invidente y tener inteligencia espacial o sordo y ser muy musical (Sacks, 1995)

-Ningún test es capaz de determinar con precisión la naturaleza o la calidad de las inteligencias de un individuo.

-Examinar las áreas débiles es un ejercicio fundamental para mejorar.

-No obstante, las categorías de la inteligencia pueden ascender a más de 7 mil millones (Ojemann George, citado por Medina. 2010).

Después de esto, lo ideal es que logremos un dominio considerable en cada una de las inteligencias y que desarrollemos una o dos al máximo nivel. Imagina los resultados obtendríamos. Quizás un funcionamiento óptimo de nuestro cerebro. Continúa autoevaluándote y rompe tus límites.

Bibliografía

Amstrong, T. (2006) Inteligencias múltiples en el aula. Barcelona, España. Paidós.

Damasio. A. (2019). El extraño orden de las cosas. La vida, los sentimientos y la creación de las culturas. México. Paidós.

Feldman. B. L. (2019). La vida secreta del cerebro. Cómo se construyen las emociones. México. Paidós.

Gardner, H. (1983). Estructuras de la mente. Colombia. Fondo de cultura económica.

Gardner, H. (1987). Estructuras de la mente. Colombia. Fondo de cultura económica.1ed español 2001.

Gardner, H. (2015). Estructuras de la mente. España. Paidós.

Medina, J. (2010) Doce principios del cerebro. México. Norma.

Sacks, O. (1995) Un antropólogo en marte. Barcelona. Anagrama.

Capítulo XIII

HACERLE CASO AL CUERPO

Acostumbro a leer libros electrónicos mientras hago spinning, por la tarde-noche. Es una práctica que me resulta muy relajante y que me ha ayudado a construir ideas que luego toman forma de artículo para mi blog o un podcast para compartir. Siguiendo esa rutina, leía *La solución de los telómeros* de Elissa Epel y Elizabeth Blackburn, cuando me vino a la mente escribir un capítulo sobre la **importancia que tienen las sensaciones corporales en las emociones, los pensamientos y toma de decisiones.** De inmediato, puse *La solución de los telómeros* en segundo plano y abrí mi bloc de notas para escribir la cascada de ideas que se desbordaron en mi mente para encontrar un buen cauce. Esta publicación, constituye ese cauce por donde pasarán las citas que te compartiré.

A ti te corresponderá, si lo crees oportuno, abrir otros canales para que otras personas se puedan enriquecer con este flujo de palabras.

El cuerpo humano ha sido estudiado por muchos milenios, prueba de ello, son los actuales paradigmas de atención a la salud que existen: medicina tradicional, alópata, homeópata que tienen sus bases en esos estudios antiguos. Pues bien, te comparto que este capítulo no está relacionado con alguno de esos modelos, sino que se respalda en algunas investigaciones científicas de la psicología y neurociencia. Estas áreas de conocimiento también le **han hecho caso al cuerpo** para contribuir al mejoramiento de la salud mental, que es otro aspecto insoslayable a considerar en el tema de la salud.

¿Por qué hacerle más caso al cuerpo?

A finales del siglo XIX, la psicología estaba invadida de dudas sobre el funcionamiento de la mente humana. Se desligó de la filosofía iniciando un camino experimental, emulando a otras ciencias que crecían a pasos agigantados, como la medicina. Entonces, comenzó a ensayar sus preguntas de investigación en animales, antes de abordar la psique humana. El fisiólogo ruso Iván Petrovich Pavlov descubrió el reflejo condicionado en los perros, a finales del siglo XIX y principios del XX. Posteriormente, este hallazgo se transfirió al ser humano como una ley. Podemos decir, que este descubrimiento fue uno de los primeros, validados científicamente, que señaló la importancia de la conexión mente – cuerpo. Debo decir que el tema **mente/cuerpo** se consideró un problema científico durante varias décadas. Algunos pensaban que, mente y cuerpo, caminaban de forma paralela, mientras otros, decían que se influían mutuamente. Ahora, el dilema está más que resuelto, mente y cuerpo se influyen constantemente. Hay infinidad de estudios científicos que lo demuestran, aquí sólo citaré algunos, para resaltar la importancia de esa interacción en las emociones y toma de decisiones.

Después de Pavlov, aparecieron otras líneas de investigación interesantes, pero siempre apoyando alguna de las posturas mencionadas: a favor del interaccionismo mente-cuerpo o en contra. Un ejemplo fue Sigmund Freud, creador del psicoanálisis, contemporáneo de Pavlov. Él eligió la temática del significado de lo inconsciente, pero no tomó en cuenta al cuerpo como se aborda en estudios actuales.

Posteriormente, en la década de los 50's algunos de sus discípulos, como Fritz Perls, descubridor de la terapia Gestalt, incorporaron al cuerpo en el trabajo psicoterapéutico. La influencia teórica que llevó a Perls a resaltar la importancia del cuerpo en el tratamiento de la salud mental fue el médico, psiquiatra y psicoanalista, Wilhelm Reich. En 1956 Alexander Lowen, de influencia psicoanalítica, introduce en la psicología el término *conciencia corporal* a través de su psicoterapia corporal. En el año 2000 Eugene Gendlin creó una técnica psicoterapéutica llamada **focusing** basada en la conciencia corporal.

En los últimos 25 años, el paradigma de la inteligencia emocional ha contribuido en gran medida a resaltar la importancia del cuerpo en las emociones y la toma de decisiones. Con mayor énfasis, lo ha hecho la *neurociencia de las emociones* en ese campo. El año pasado, con motivo de la presentación de mi tema de tesis doctoral en dos coloquios de investigación, leí suficiente acerca de lo que se sabía de inteligencia emocional, al punto de llegar a la frontera. Fue así, como a mitad de 2019, me encontré con *La vida secreta del cerebro. Cómo se construyen las emociones*, de la neurocientífica Lisa Feldman Barrett. Una obra científica con basto respaldo teórico y científico. Ya te he compartido algunas citas con anterioridad.

El sentir

Feldman (2019) nos dice que, el origen del sentir sensaciones agradables y desagradables, surge de un proceso continuo en nuestro interior llamado *interocepción*, la cual:

> Es la representación que hace el cerebro de todas las sensaciones de nuestros órganos internos y de nuestros tejidos, de las hormonas de nuestra sangre y de

nuestro sistema inmunitario. Esta actividad interoceptiva produce un abanico de sensaciones básicas que van de lo agradable a lo desagradable, de lo tranquilo a lo intranquilo, e incluso a lo completamente neutro. La **red interoceptiva controla el cuerpo, administra** los recursos energéticos y representa las sensaciones internas, todo al mismo tiempo. La red interoceptiva incluye las regiones de **presupuestación corporal** (83-99).

Cuando aparece una seña interoceptiva, como un dolor de estómago, que puede deberse a múltiples causas, el cerebro debe explicar las sensaciones corporales para darles significado, y su principal instrumento para hacerlo es la *predicción* (Feldman, 2019: 95). El cerebro rastrea información de manera probabilística y ofrece a la conciencia el significado más acertado: *el tipo de dolor estomacal que tengo es porque comí demasiado picante.* La función predictora del cerebro nos permite, en gran parte de los casos, anticiparnos a lo que ocurrirá, inclusive a niveles no conscientes (Feldman, 2019: 88), se puede decir, que vivimos parte de nuestra vida en un futuro anticipado en lugar de en el presente (Damasio, 2019:140-141). Nuestro cerebro es impresionante, procesa millones de datos a una velocidad impensable para decirnos lo que ocurrirá basándose en cálculos estadísticos con margen de error. Pero ¿en qué datos se basa para hacer las predicciones?

El cerebro predice las respuestas corporales (les da un significado) basándose en experiencias anteriores con objetos y situaciones similares, aunque la persona no esté físicamente activa. Y la consecuencia es una sensación interoceptiva (Feldman, 2019: 100). Por último, retomo la segunda característica de la *red interoceptiva* que se refiere a la *presupuestación corporal*. Esta red ayuda a la administración de los recursos necesarios para mantenernos vivos y sanos con el fin de regular el presupuesto del cuerpo (Ibid, p. 98). Es decir, esa red nos da señales de algún desequilibrio organísmico que debemos atender como, por ejemplo, la sensación de hambre, cansancio, fatiga, estrés, envejecimiento prematuro, dolores de distinta índole...

La red interoceptiva administra los recursos disponibles para que nos mantengamos en pie, aún si, nosotros no atendemos de inmediato las señales que nos envía. Piensa en una persona que sabe que no desayunó y que probablemente ingiera alimento hasta medio día, pero se ha dado cuenta que recibirá una buena paga por su trabajo y decide esperar. La red interoceptiva se administra con lo que hay y espera, aun sabiendo que no es lo más adecuado, privarse del desayuno. Cabe hacer notar que, los factores o situaciones ambientales también pueden modificar la red interoceptiva; es decir, impactar en la bioquímica del organismo. Por ejemplo, has salido del trabajo con un cansancio exagerado y lo que quieres es llegar a casa y descansar en el sofá cómodo y cálido, pero al llegar a casa, tu familia te da una sorpresa increíble: tus familiares más cercanos están esperándote para una rica cena solo por el hecho de reunirse. ¿Qué tal? ¿Cambió el estado corporal? Aunque no hayas aún probado esa deliciosa cena, tu red interoceptiva se modificó de un momento a otro y activó tu organismo en un estado diferente. El sofá cómodo y cálido pasó a otro plano porque tu bioquímica organísmica así lo indicó. El estado de ánimo se modifica y tus decisiones también.

Las emociones y la red interoceptiva

Escuchar, atender o hacerle caso al cuerpo es identificar las señales de la red interoceptiva. No siempre lo hacemos. Aquí en México, se dice muy comúnmente en los viernes de cada semana: "Es viernes y el cuerpo lo sabe" o "Es fin de semana y el cuerpo lo sabe". Pareciera que es el único momento en que le hacemos caso al cuerpo. La sugerencia de este capítulo es que, continuamente atendamos a nuestro cuerpo, le hagamos caso no solo cuando es fin de semana, tenemos hambre o sentimos que estamos enfermos(as). De hecho, hay personas que no identifican correctamente cuando sienten hambre y cuando no y hay otras más, que privan al cuerpo del alimento.

La **red interoceptiva** también juega un papel muy importante en la **creación de emociones**. Primero, definamos ¿qué es el *afecto?* Éste, es la sensación general de sentir que experimentamos a lo largo de cada día. No es una emoción, sino una sensación mucho más simple con dos características: la primera es si la sensación es agradable o desagradable, lo que los científicos llaman **valencia**. La segunda, es, lo tranquilos o excitados que nos sentimos, lo que se llama **arousal** (estado de alerta o de activación) (Feldman, 2019: 101-102). Dice la neurocientífica Feldman (2019):

> He perdido la cuenta de la cantidad de experimentos publicados en los últimos cincuenta años que demuestran que el ser humano no es un actor racional. No podemos superar las emociones por medio del pensamiento racional porque el estado de nuestro presupuesto corporal es la base de todos los pensamientos y todas las percepciones que tenemos, y, en consecuencia, la interocepción y el afecto están presentes a cada instante. (p. 112)

El comienzo de las emociones está en el cuerpo. La **red interoceptiva** nos da señales **afectivas** que el cerebro inmediatamente evalúa por su **valencia** y **arousal**; enseguida, el mismo cerebro, basándose en nuestras experiencias pasadas y el sistema conceptual que poseemos, da significado a la situación y le da un nombre: enojo, alegría, tristeza, rabia, euforia, asco, asombro, felicidad, timidez, etc. Todo inicia a partir de las señales organísmicas que nos envía la red interoceptiva y que el cerebro es capaz de significar. Dice el neurocientífico Antonio Damasio (2019) que cuando se originó la mente, apareció la capacidad de crear mapas cognitivos de lo que experimentamos internamente:

> Las imágenes del mundo interno son las que describimos con términos tales como "bienestar", "fatiga", o "malestar" (otro autor le llama red interoceptiva). El organismo necesita verse afectado por esas imágenes. No puede permitirse

sentir indiferencia hacia ellas, porque su supervivencia depende de la información que esas imágenes reflejan en relación con su vida. Todo en este mundo interno antiguo conlleva a una calificación: bueno, malo o regular. Este es el mundo de la valencia (117-120).

Imagina las siguientes escenas:

1) Se te ha pasado la hora de la comida, tienes exceso de trabajo, te llama tu pareja para que vayas por los hijos al colegio, ya que ha surgido un imprevisto. Tu jefe te dice que te conecte "en línea" para darte instrucciones urgentes. Además, sufres hipertensión arterial. -¿Qué te diría tu cuerpo en este momento? ¿Cuál sería tu estado de ánimo? ¿Qué experimentas? ¿Algo agradable, desagradable, excitación o alerta? -Indiscutiblemente emergerá una o dos emociones, ¿no te parece?

2) Estás exhausta(o), has trabajado casi todo el día en tu computadora. ¿Qué sensaciones te comunica tu cuerpo? ¿Qué emociones construye tu cerebro? Enseguida, decides darte una ducha. ¿Qué pasa con tu cuerpo cuando terminas de ducharte? ¿Hubo algún cambio en las sensaciones fisiológicas? ¿Cambió el estado de ánimo? ¿Tus emociones siguen siendo las mismas que hace algunos minutos?

En el período de 2004 a 2007 estudié una maestría en psicoterapia Gestalt. En el entrenamiento se nos hacía énfasis en atender la parte corporal de nuestros futuros pacientes. El sustento teórico estaba en *El lenguaje del cuerpo* de Julius Fast y los tres libros de Paul Watzlawick: *Teoría de la comunicación humana, ¿Es real la realidad?* y *Cambio*. Lo central, era identificar lo que comunica el cuerpo, pues se cree que más del 70% de la comunicación humana se transmite por mensajes no verbales. También, en aquel entrenamiento, se nos adiestró a comprobar que los síntomas físicos de nuestros pacientes, tales como: gripes, dolores musculares, alergias, enfermedades graves, etc. llevan consigo un mensaje existencial y habría que decodificarlo en partes, a través de una metodología de conciencia corporal sustentada en la interpretación gestáltica. Leí entonces, *La voz del síntoma* de Adriana Schnake y algo sobre empatía somática. El axioma era, que los síntomas físicos representan asuntos no resueltos y que, con la psicoterapia, tales padecimientos podrían curarse hasta cierto punto.

Hace algunos años, participé en una sesión psicoterapéutica con la herramienta *Focusing*, que consistía en identificar un síntoma físico y luego, tras una serie de pasos, llevarlo a una significación determinada. Como ya lo dije, el *focusing* está dirigido a la conciencia corporal.

¿Qué tenemos que hacer?

En la actualidad, hay muchos factores que inciden en la red interoceptiva y de presupuestación corporal; por ejemplo, los hábitos alimenticios, el manejo del estrés, el uso de la tecnología, el ejercicio físico, los genes, entre otros. Las tareas que podemos realizar para disfrutar de un equilibrio organísmico saludable y no volver loco a nuestro cuerpo, pueden ser:

-El educarnos en la honestidad, bondad, empatía y compasión, gratitud, modestia (Damasio, 2019, Seligman, 2011), promueven estados de ánimo saludables que le caen estupendo a nuestro equilibrio corporal, además, ayudan mucho al cerebro en sus predicciones.
-Comer sano, hacer ejercicio y dormir lo suficiente (Feldman, 2019: 226).
-Darse masajes profesionales, hacer yoga, invertir tiempo en espacios con menos ruido, menos gente, más vegetación y más luz natural. Sumergirnos en una novela absorbente, convivir con amigos. (Feldman, 2019: 227-228)
-Practicar meditación. Nos enseña a estar atentos y presentes en el ahora observando el ir y venir de las sensaciones sin juzgarlas. (...) La

meditación reduce el estrés, mejora la detección y el procesamiento del error de predicción, facilita la recategorización (llamada regulación emocional) y reduce el afecto desagradable (Feldman, 2019: 244-245r)
-Asistir a terapia corporal con alguno de los enfoques bioenergéticos.

Ahora, tenemos una explicación más científica desde la neurociencia, que nos orienta a hacerle más caso al cuerpo. Existen suficientes estudios científicos que respaldan estas sugerencias.

El tema es extenso y por eso te sigo invitando a leer la bibliografía en la que he basado este mar de palabras y a poner en práctica eso de "hacerle más caso al cuerpo". Más de un siglo de investigaciones en este rubro no pueden fallar.

Bibliografía

Damasio. A. (2019). El extraño orden de las cosas. La vida, los sentimientos y la creación de las culturas. México. Paidós.

Feldman. B. L. (2019). La vida secreta del cerebro. Cómo se construyen las emociones. México. Paidós.

Seligman. M. E. (2011). La auténtica felicidad. México. Penguin Random House.

Capítulo XIV

LA SABIDURÍA DEL AZAR BIOQUÍMICO

Alguna vez has escuchado la frase ¿pon la mente en blanco? Seguramente sí. Que yo recuerde, era la consigna habitual para todo aquel que pretendía ejercitar la meditación. Poner *la mente en blanco* se convertía en una gran travesía de concentración total y en algunas veces, de desesperación por no lograrlo. Te confieso, yo no lo he logrado, y vaya que en la maestría que estudié, dediqué bastante tiempo a las actividades de atención plena y meditación. Se dice que el gran Buda lo consiguió y le llamó a ese estado "iluminación" o "experiencia satori". En la actualidad, neurocientíficos, están recomendando ejercicios de meditación y técnicas de atención plena para aprender a regular la actividad cerebral afectada por las emociones, el estrés, o para erradicar la ansiedad y depresión (Feldman, 2019, Damasio, 2019, Blackburn y Epel, 2017). Hace 10 o 15 años, estas sugerencias no se protegían con tanto sustento científico como ahora. Aun así, personas que no están actualizadas, siguen considerando esas prácticas como pérdida de tiempo o anticientíficas.

Hoy ya no es frecuente escuchar la frase *pon la mente en blanco*, sino, focaliza tus pensamientos y discrimina los positivos de los negativos, piensa sobre tu pensamiento, escucha tus emociones, concéntrate en tus sensaciones corporales, aprende a regularte, entre otras. Más que apagar la mente, se trata de atender, con determinada disciplina, los diferentes estados de conciencia que provocan las sensaciones corporales, el pensamiento y emociones, para después, regular y actuar con mayor conciencia.

Supuestamente, poner la *mente en blanco* es despojarla de sus falsas identidades y descubrir el verdadero Yo, la esencia o autenticidad. Pensadores de la India, China y Grecia razonaron que el *yo individual* es una ilusión hace más de dos mil años. (Harari, 2016: 324-335). No existe la individualidad sino dividuos. Diversos estudios de la fisiología han demostrado que no hay un único yo, las decisiones se derivan de una estira *y afloja* entre diferentes entidades internas que a menudo se hallan en conflicto (Ibid). Algunos enfoques psicoterapéuticos han abrazado ese supuesto, creando técnicas terapéuticas para ayudarle al paciente a encontrar un equilibrio en su drama existencial. Por ejemplo, hay quien defiende la idea de que la personalidad está compuesta por distintas partes o yoes: Yo real, yo ideal, yo niño, adolescente, adulto, yo criticón, yo valiente, yo bueno, yo malo, superyó, ello, yo...

Hay ejercicios terapéuticos en los que se invita al paciente a ponerse en tercera persona y actuar *como si* para descubrir lo flexible que puede ser su yo y aprender otros *modos de Ser*. La individualidad no existe, en su lugar, se acepta la personalidad como una totalidad, la cual, se debe conocer a profundidad.

Espero no confundirte, con eso de que los humanos sufrimos del trastorno de personalidad múltiple. Simplemente, te comparto que la mente humana es bastante compleja. Quizás, parte de esta complejidad se le puede atribuir a la memoria y a la función predictora del cerebro. Somos seres que poseemos un

168

sistema nervioso sofisticado, en relación con otros animales, el cual, nos permite generar mapas mentales simbólicos de lo que experimentamos en nuestro cuerpo y lo que está fuera de él. Nuestro **cerebro** es un **productor constante de pensamientos**. Mediante el proceso de **degeneración (Feldman, 2019)**, las neuronas se agrupan y desagrupan constantemente generando un sinfín de pensamientos a cada instante. La memoria, es clave fundamental en ese proceso degenerativo para dar origen a millones de fusiones posibles, interminables que llamamos, pues, pensamientos. Estos aparecen tanto en la vigila como en el sueño. Aparentemente tenemos alrededor de 65 mil pensamientos al día. En realidad, no tenemos el control de generarlos; aparecen sin importar lo que hagamos (Blackburn, Epel, 2017: 101). Poner la *mente en blanco* es una gran travesía.

Aquí viene lo interesante. No se sabe aún cómo es que el cerebro produce esa gama infinita de pensamientos cada día. Algunos dicen que lo que está detrás de esa producción cognitiva es un **algoritmo bioquímico** que pronto se descubrirá y pondrá en evidencia la predictibilidad del ser humano (Harari, 2016); otros, argumentan que es imposible, ya que la mente es un órgano vivo cuyo funcionamiento bioquímico es impredecible e imposible de entender (Damasio, 2019). A esto es lo que llamo **azar bioquímico**. Si durante el día, experimentamos miles de pensamientos, deberíamos practicar el **pensamiento consciente**, es decir, la metacognición. Por ejemplo, si descubres que el 90% de tus pensamientos son repeticiones de otros que aparecieron antes (Blackburn, Epel, 2017: 101), trabájalos o procésalos de manera saludable. Supongamos que una gran parte de esos **pensamientos son**

negativos: recordar fatalidades el pasado, tristezas, angustias, pérdidas, rencores, conflictos no resueltos, desdichas… Entonces, tu azar bioquímico te da una señal inequívoca para que te pongas a trabajar en serio en tus asuntos pendientes que te están castigando constantemente; de lo contrario, aparte de tener una vida estresante y desdichada, tu expectativa de vida se acortará (Blackburn, Epel, 2017: 99). Por otro lado, si experimentas un montón de **pensamientos positivos** que se realimentan constantemente de otros, estimulados en diferentes ámbitos de tu vida (trabajo, relación de pareja, relación con hijos, relaciones sociales, salud…), ésta, será más divertida, sin estrés y con buena salud; aprovecharías al máximo el resultado de tu azar bioquímico.

Pero ¿Cómo estimular el azar bioquímico positivo?

Primero, deshaciéndonos de los **pensamientos negativos** a través de alguna técnica terapéutica determinada, ya que no todo lo podemos hacer por nosotros mismos, requerimos del acompañamiento de alguien más para mejorar el **pensamiento consciente**. Algunas fuentes de ayuda son la meditación y técnicas de atención plena, las terapias cognitivo conductual y Gestalt, entre otras. **Segundo**, alimentar la positividad, haciendo actividades a favor nuestro en diferentes áreas: hacer ejercicio, seguir una alimentación saludable, tener revisiones médicas frecuentes, mejorar nuestras interacciones con los demás…

Las ganadoras del Premio Nobel en 2009, Elizabeth Blackburn, Elissa Epel sostienen con estudios científicos, que, el pensamiento positivo está vinculado con la longevidad (2017). Su obra, *La solución de los telómeros, un acercamiento revolucionario para vivir más joven, más sano y más tiempo*, te sorprenderá.

De los más de 65 mil pensamientos que nos asaltan día con día, alguno de ellos puede ser una idea fascinante, para: emprender un negocio, rediseñar la comunicación con la pareja, mejorar la educación emocional que damos a nuestros hijos, modificar algún aspecto de nuestra persona, resolver un conflicto añejo, poner en paz un duelo, encontrar la solución a un problema de aprendizaje, proponer una innovación en la escuela o la empresa, escribir un artículo, una alternativa distinta para manejar el estrés… La propuesta que te sugiero es, no quebrarte la cabeza en cómo funciona la mente, que para la humanidad es un gran misterio, ni *poner la mente en blanco* sino, aprender a pensar sobre nuestros pensamientos y sujetarnos del pensamiento que puede crear cambios de gran magnitud en la vida. Claro que tenemos que tomar en cuenta lo que nos dicen la bioquímica y psicóloga, Blackburn y Epel: "no creas todo lo que piensas" (2017: 101); el trabajo consiste en lo que te había comentado: **trabajar y procesar nuestros pensamientos de manera saludable**, pues si no lo hacemos, un solo pensamiento "x", nos puede llevar al hastío, la tristeza, ansiedad o depresión y más. Otra alternativa con la que podemos contar es, el encausamiento saludable de los pensamientos. ¿Cuántas personas conocemos que sufren de algún trastorno y aprendieron a encauzar sus pensamientos en algo positivo? El pensamiento negativo, rumiante, nos puede llevar a la fatalidad, el pensamiento positivo, nos puede ayudar a experimentar la creatividad y lucidez constante.

En una ocasión, un paciente me dijo que todas las mañanas se levantaba con un estado de ánimo negativo, caracterizado por apatía, flojera, negatividad, descontento y preguntaba si eso era normal ya que ese estado solo duraba algunos 10 o 15 minutos, pues en cuanto comenzaba a realizar tareas, se activaba y salía con gusto a su trabajo. Le compartí, que su mente, al igual que todas, es inquieta y que por la mañana es perfectamente válido que se experimenten un sinnúmero de pensamientos y emociones, más aún, si estos estados son estimulados por la actividad cerebral en el sueño. Le recomendé que aceptara ese manojo de pensamientos y emociones y los dejara fluir. Anclarse a un estado de ánimo que puede ser negativo, podría ser peligroso. Mi paciente no era ansioso ni depresivo, sólo experimentaba como tu o yo, un poco de ruido mental. Recuerda que son más de 65 mil pensamientos al día.

Por último, te confieso, he comprendido que no hay recetas mágicas, cada persona es una historia que se configura de manera aleatoria constantemente. No existen historias iguales. Solo queda la tarea de aprovechar la **sabiduría del azar bioquímico** que experimentamos todos los días. Si lo quieres reflexionar de otra manera, el azar bioquímico, es el **ensamblaje cognitivo aleatorio** que hace nuestra mente, sin nuestro permiso, día y noche, de la información que le proporcionamos a través de los sentidos.

Fertiliza tu bioquímica cerebral con la lectura, buenos documentales, meditación, atención plena, manejo del estrés, revisión psicoterapéutica, alimentación sana, ejercicio rutinario; te aseguro que tus pensamientos serán distintos.

Escuchemos nuestros pensamientos, ellos nos pueden dar las pistas que requerimos para dirigir correctamente nuestras vidas.

Bibliografía

Blackburn, E., Epel, E. (2017) La solución de los telómeros: Un acercamiento revolucionario para vivir más joven, más sano y más tiempo. México. Debate

Damasio. A. (2019). El extraño orden de las cosas. La vida, los sentimientos y la creación de las culturas. México. Paidós.

Feldman. B. L. (2019). La vida secreta del cerebro. Cómo se construyen las emociones. México. Paidós.

Noah, Y. (2016). Homo Deus. Breve historia del mañana. México: Debate.

Seligman. M. E. (2011). La auténtica felicidad. México. Penguin Random House.

Conclusiones

No existe duda de que, gracias al avance tecnológico, que ha permitido explorar con más detalle el funcionamiento del cerebro, ahora hay nuevas esperanzas que apuntan a un futuro donde podremos disfrutar más de los beneficios de la masa encefálica. Se pronostica que, algunos trastornos mentales se curarán en el corto o mediano plazo gracias a los tratamientos experimentales que implican la estimulación eléctrica transcraneal.

Los avances en comunicación mental y una interfaz para mover aparatos mecánicos, darán la posibilidad de interactuar de otra manera con los demás. En este momento esa tecnología está ayudando a personas sin piernas y brazos volver a la movilidad. Historiadores como Yuval Noah Harari (2014) vaticinan la llegada del *Homo Deus,* un ser producto de la bioingeniería que reemplazará al viejo homo sapiens. Este ente, con una larga vida, más allá de los 130 años, podrá conectar su cerebro al internet y otros dispositivos. Será la señal irrefutable del comienzo definitivo de lo que algunos llaman el transhumanismo.

La mente humana junto con el universo, siguen siendo los grandes misterios que nos han entretenido desde que tenemos conciencia. Hay bastantes preguntas sin contestar. Qué te parece, si mientras *ascendemos a dioses,* asumimos las pautas de estimulación cerebral que te he compartido. Esas, por lo pronto, son la única certeza con que contamos gracias a la evidencia científica. Hay mucho trabajo que hacer, y te aseguro que, si lo hacemos a conciencia, nuestra perspectiva de la vida puede modificarse. Cada uno experimentará cambios según su avance en sus fronteras mentales. Se atrevida(o), ve más allá de las mismas. Sigue esta *ruta* que has leído para experimentar un cerebro en estado de *alto rendimiento*.

Más de Jaime Gómez Castañeda

www.ingramcontent.com/pod-product-compliance
Lightning Source LLC
Chambersburg PA
CBHW060047260726

48658CB00004B/1219